KARIN KUSCHIK

Kleine Storys über große Themen

222 Botschaften für mehr Leichtigkeit im Alltag

Ullstein

Besuchen Sie uns im Internet:
www.ullstein.de

Wir verpflichten uns zu Nachhaltigkeit
- Klimaneutrales Produkt
- Papiere aus nachhaltiger Waldwirtschaft und anderen kontrollierten Quellen
- ullstein.de/nachhaltigkeit

MIX
Papier | Fördert gute Waldnutzung
FSC® C083411
FSC
www.fsc.org

Originalausgabe im Ullstein Taschenbuch
1. Auflage Juli 2023

Umschlaggestaltung: zero-media.net, München
Titelabbildung: © Karin Kuschik
Fotos: Manfred Johan, MJ-Photo
Satz: KCFG – Medienagentur, Neuss
Gesetzt aus der Montserrat
Druck und Bindearbeiten: CPI books GmbH, Leck
ISBN 978-3-548-06917-3

Für Mama

Meine tapfere Eiffelturm-Erklimmerin.

Du mutige Social-Media-Touristin.

Danke, dass es dich gibt!

Inhaltsverzeichnis

Uups? Hier ist ja alles durcheinander! Stimmt, das ist extra so. Die Kapitel sind nach Rubriken sortiert.

Wertschätzung

Abgrenzung

Leichtigkeit

Vorwort

Ich sitze in der Talkshow *Kölner Treff*, und mein Herz schlägt so laut, dass mein Kopf zu pulsieren scheint. Ich höre kaum, was die Moderatorin mich fragt, und wünsche mir in diesem Moment, Karin Kuschiks Kopf ausleihen zu können. Sie hat einfach immer die richtigen Sätze parat. Glücklicherweise hat sie mich auf diese Talk Show vorbereitet, sodass ich es nach ein paar Schrecksekunden schaffe, tatsächlich *die* Sarah zu sein, die ich eigentlich bin. Vor laufender Kamera ist das gerade für eine Schauspielerin nicht unbedingt selbstverständlich.

Was ich durch die Arbeit mit Karin immer wieder erlebt habe: In herausfordernden Momenten kennt sie sicher einen Weg, oft sogar eine Abkürzung. Für mich ist sie die »Short Cut Queen« fürs Leben.

Alle, die sich auch gerne mal den Kopf einer schlagfertigen, schlauen Frau borgen möchten, werden sich über dieses schöne Buch bestimmt sehr freuen: »Kleine Storys über große Themen« ist vollgepackt mit kurzen, gut verdaulichen Häppchen voller Inspirationen für einen leichteren Tag. Botschaften, die dir helfen, in deiner Mitte zu bleiben oder wieder reinzukommen. Für mich eine wahre Schatztruhe, angereichert mit Impulsen, beides in Karins unverwechselbarem, kurzweiligen Stil. Doch Vorsicht! Es könnte gut sein, dass sich nach der Lektüre dieses Büchleins erstaunlich viel Leichtigkeit und Humor für dein Leben einstellt.

Hier kommt eine Portion Schlagfertigkeit für die Hosentasche, für mich ein absolutes Must-have. Die nächste Talkshow kann kommen!

Sarah Alles,
Schauspielerin und Host des Meditations-Pocasts »Power Pause«

Vorgeschichte

Was freue ich mich, diese kleine Vorgeschichte ein bisschen größer zu machen und ein bisschen länger als all die One Minute Messages, die in diesem Buch versammelt sind. Denn jede OMM, so nenne ich meine One Minute Message, also: jedes Kapitel, ist tatsächlich eine Minute lang. Ich habe es gern prägnant, und Abkürzungen liebe ich sowieso. 222 Gedankenschnipsel habe ich in diesem Buch zusammengetragen. Kleine abgeschlossene Geschichten und ebenso viele kompakte Sprüche. Botschaften, die dir das Leben leichter machen sollen.

Klingt erst mal wie: »Ah, da kann ich ja locker zwanzig, vierzig, fünfzig hintereinander lesen oder gleich das ganze Buch!«

Ist natürlich eine Möglichkeit, aber ob das so gut verdaulich ist? Denn – kurze Botschaften hin oder her – es steckt auch eine Menge drin. Damit meine ich nicht zwingend meine Worte, sondern das, was sie in dir auslösen. Was du daraus machst, was in deinem Kopf entsteht beim Lesen: neue Ideen nämlich, Vorsätze vielleicht, Wünsche, Reflexionen?

Daher mal eine Alternatividee zum Staffellauf: Du könntest diese Schatztruhe auch als Morgenritual nutzen. Denn unser System liebt Rituale und freut sich, wenn es morgens oder abends einen festen Ablauf gibt, auf den es sich verlassen kann. Etwa immer erst mal kaltes Wasser ins Gesicht, dann eine heiße Zitrone für den Basen-Haushalt, jetzt den Lieblingssong vor dem offenen Fenster hören, mit einer Runde Wake-up-Sport vielleicht, und zum Schluss noch eine Mini-Meditation. So etwas könntest du zum Beispiel einführen, wenn dein Ritual Bewusstsein und Gesundheit fördern soll. Du könntest auch jeden Morgen mit einer OMM starten, vielleicht sogar als Motto, das du im Laufe des Tages immer mal wieder erinnerst, um zu überprüfen, wie weit es dich gebracht hat. Wenn es in einem Impuls zum Beispiel um Mut geht, könntest du dir vornehmen, an diesem Tag mutig auf alle Situationen zu reagieren. Vielleicht liest du auch etwas über Toleranz, Abgrenzung, Verständnis oder Geduld? Dann könntest du es dir zur Gewohnheit machen, diese OMM oder einen Spruch zu nutzen, um damit die Ereignisse deines Tages durch diese Brille neu zu betrachten. Auf diese Art hättest du sogar über sieben Monate etwas davon, eben 222 Tage lang. Wenn du ernsthaft Lust hast, an dir zu arbeiten, um als Persönlichkeit zu wachsen, kann dieses Vorgehen besonders effizient sein; steter Tropfen höhlt nun mal den Stein.

Sie merken schon, ich duze Sie hier einfach frisch und frei. Finde ich gerade beim Thema inneres Wachstum auch äußerst naheliegend, denn Persönlichkeitsentwicklung ist nah. Dazu kommt, aus der Nähe heraus sind diese OMMs auch überhaupt entstanden. Nachdem nämlich mein Buch *50 Sätze, die das Leben leichter machen* einen Mondflug hingelegt hat und so viele Menschen im Land plötzlich begonnen haben, sich in Leichtigkeit zu üben, wurden laufend Fragen an mich herangetragen: »Karin, was ist mal eine charmante Absage, wenn mich jemand nach einem Date fragt, ich aber nicht will?« Hmm ... »Ich bekomme seit zwei Monaten kein Gehalt mehr, wie kann ich es so formulieren, dass mein Chef endlich zahlt?« Okay ... »Ich bin immer sprachlos, wenn mich meine Kollegin laufend unterbricht, hast du mal einen Satz, damit das aufhört, Karin?« Ja klar, hatte ich. Und weil ich viel lieber spreche als tippe, habe ich auf Instagram meine Antworten meist als Sprachnachricht verschickt. Erlaubte Länge dafür: eine Minute. So habe ich also aus der Not heraus die Erfahrung gemacht, dass es klappen kann, auch gehaltvolle Botschaften in einer Minute zu erzählen. *Thank you social media – an idea was born!* Denn das ist sie, die Story hinter den One Minute Messages, so sind sie entstanden. Und was soll ich sagen? Mittlerweile sind diese OMMs mein Markenzeichen im Netz. Vielleicht, weil sie ein Versprechen abgeben. Nämlich: eine Botschaft, knapp und klar auf den Punkt gebracht. Alltagsnah mit Storytelling, am liebsten tief und eben trotzdem leicht verpackt, sodass man es auch nehmen will. Der Wurm soll nicht dem Angler schmecken, sondern dem Fisch.

Es war also eine intuitive Sache, ganz ohne Strategie dahinter, und das sind ja oft die besten Ideen. Wie war das? »Vertraue auf dein Herz. Es war schon da, bevor du denken konntest.« Manchmal heißt es eben einfach MACHEN. Eine wunderbare Wortkombination, oder? Einfach machen. Wer *50 Sätze* gelesen hat, weiß, wie sehr ich dieses kleine Twinset liebe, denn einerseits bedeutet es »Einfach MACHEN«, im Sinne von »Setz es um!«, und wenn du es anders betonst, sind wir bei »EINFACH machen«, also: »Mach es dir doch leicht!« Das freut natürlich den Selbstführungs-Coach in mir, und dieser Anteil ist recht groß. Dreiundzwanzig Jahre bin ich in dieser Funktion durch Europas Chefetagen getourt. Heute bin ich nicht mehr nur als Business-Coach im Einsatz. Ich spreche lieber alle an, die sich für ihr Wachstum interessieren. Und jetzt gerade dich. Wie schön!

Natürlich ist mir klar, dass ich nicht nur alle mal eben frisch und frei duze, ich gendere noch nicht einmal – für viele sicher unverzeihlich. Dennoch habe ich mich gegen Doppelpunkte, Sternchen und den Großbuchstaben I entschieden. Ich möchte nicht laufend von Lesenden, Hörer:innen, Teilnehmern und Teilnehmerinnen oder von FollowerInnen schreiben. Als klare, moderne Frau kann ich das Bedürfnis dahinter zwar nachvollziehen, aber meine Lust am Fabulieren und mein Gefühl für Sprache flüstern mir etwas anderes ins Ohr. Ich habe mich daher gegen die Korrektheit und für den Schwung entschieden. Ich möchte lieber im Fluss schreiben, ein politisch korrektes Stop and Go widerstrebt mir daher gänzlich. Danke, wenn du meinen Umgang mit Sprache tolerieren kannst. Sei versichert: Ich meine immer alle Menschen. Und ganz sicher auch dich.

Ich freue mich sehr, wenn dich meine Gedankenschnipsel inspirieren und auf einer tieferen Ebene erreichen. 222 OMMs und Sprüche sind in diesem Buch versammelt. Kleine Geschichten über große Themen. Wertschätzung zum Beispiel. Selbstführung. Respekt. Loslassen. Verantwortung. Lauter leise Impulse habe ich für dich. Übers Menschsein, über Kommunikation, über mehr Verständnis fürs Missverständnis. Ich freue mich, wenn ich dazu beitragen kann, ein bisschen mehr Leichtigkeit zu bewirken. Denn nach Tausenden von Coaching-Sessions bin ich zu dem klaren Schluss gekommen: Das Leben ist viel einfacher, als es oft scheint. Wir sind es nur gewohnt, die Dinge kompliziert zu nehmen. Entscheidung heißt hier das Zauberwort, denn zum Glück haben wir ein Wörtchen mitzureden, wie wir Situationen erleben wollen. Was wir denken, was wir fühlen und wie wir uns verhalten möchten. Leben. Leichter. Machen. Jetzt. Das ist meine Motivation bei allem, was ich tue.

Mein Appell als große Umsetzungs-Liebhaberin ist immer: Bitte anwenden! Es gibt schon zu viele

Wissensriesen und Umsetzungszwerge auf dem Planeten. Genau deshalb hatte ich das Buch mit den *50 Sätzen* überhaupt geschrieben. Ich biete darin entspannte Formulierungen an, die sich immer wieder verlässlich bewährt haben im Leben meiner Klienten. Sätze, von denen ich weiß, dass sie sicher funktionieren. Für mehr Abgrenzung, Deeskalation, zur Klärung und zur Stärkung von diesem wunderbar ruhigen Ort in uns, den ich innere Souveränität nenne. Und darum geht es auch in dieser Sammlung. Natürlich beziehe ich mich auch öfter mal auf die Aussagen des ersten Buchs, lässt sich gar nicht vermeiden. Ich freue mich, wenn Neueinsteiger sicher mitkommen und sich *50-Sätze*-Fans über die Wiederholung freuen können – das Buch soll ja für alle funktionieren. Das ist zumindest mein Anspruch. Ich freue mich, wenn ich ihn einlösen kann.

Machen. Jetzt. Dranbleiben. Vom Wollen ins Tun kommen. Und vor allem deinen eigenen Weg gehen, den, der sich richtig anfühlt, egal, welche Trampelpfade es vielleicht schon gibt. Dazu wollen dich meine Streiflichter ermutigen. Sei ruhig wild entschlossen und handle beherzt. Das Leben ist zu kurz für irgendwann.

So, und nun wünsche ich dir viel Spaß mit meinen One Minute Messages und ein gutes Händchen bei der Dosierung, denn zwanzig Vorspeisen hintereinander können auch ein verbales Völlegefühl auslösen. Mein Tipp ist daher: Halte lieber öfter inne, anstatt einen Staffellauf daraus zu machen, weil sich vielleicht alles so leicht wegliest. Könnte schnell passieren, dieser Eindruck, denn ich neige zum Plauderton. Alte Radio-Angewohnheit. Der Schreibton ändert jedoch nichts an der Tiefe, die entsteht, wenn du dir erlaubst, die Worte wirklich sacken zu lassen.

Vermutlich erzielst du die größte Wirkung, wenn du nicht so viel Wert darauflegst, was ich sage, sondern mehr auf das, was meine Worte in dir bewirken. Lass sie ruhig sinken. Vom Hirn ins Herz. Damit dein System Lust bekommt, auch etwas davon umzusetzen.

Ganz viel Freude beim Lesen wünsche ich dir. Und ein wirklich gutes Leben.

Sei realistisch.

Erwarte Wunder.

DER *beste Tag*,
UM DICH FÜR
DEIN GLÜCK ZU
ENTSCHEIDEN,
WAR GESTERN. ABER
heute GEHT AUCH.

1 SPRING EINFACH

»Ja toll, und wie soll ich das jetzt machen?« Das ist sie, eine der meistgestellten Fragen meiner Coaching-Laufbahn. Sage ich dann immer: »Na ja, wie springst du vom Fünfmeterturm? Einen Schritt nach vorne.« Darauf lachen wir beide, denn wir kennen ja das Phänomen: Erst endloses Warten, und kaum bist du nach deinem gewagten Sprung wieder aufgetaucht, rufst du tollkühn aus: »Noch mal!« Daher mein Tipp von Herzen: Wenn du nur Wissen ansammeln willst, zieh lieber weiter. Dann bin ich nichts für dich. Wenn du stattdessen wirklich Lust hast, vom Wollen ins Tun zu kommen, bist du hier richtig, denn bei mir geht es immer um die Umsetzung. Um Klarheit und innere Souveränität. Wenn du das willst, *let's do it!* Herzlich willkommen in meiner Welt.

DIE TÜR ZUM *Glück*
GEHT IMMER
NACH INNEN AUF.

2 TRIFF DICH SELBST

Ist dir mal aufgefallen, dass wir mit den wenigsten Menschen so fahrlässig umgehen wie mit uns selbst? Deadlines im Job halten wir ein, Verabredungen mit Freunden auch, aber wenn es um uns geht, bleibt es oft beim Lippenbekenntnis. Dann sagen wir schon mal an Silvester: »Bis Februar nehme ich vier Kilo ab«, und landen am dritten Januar mit einer Schüssel Tiramisu vor dem Fernseher. Ist doch so. Daher mein Tipp: Nimm dich ernst. Triff Vereinbarungen mit dir selbst, und halte sie ein. Klingt total spießig, ich weiß. Ist aber eher cool. Ich schreibe zum Beispiel ganz oft »Karin« in meinen Kalender. Und wenn dann jemand anruft, sage ich: »Sorry, da habe ich eine wichtige Verabredung. Die darf ich auf jeden Fall einhalten.« Was meinst du, wie sich dein System freut, wenn du dich selbst dermaßen ernst nimmst. Ist ja wichtig! Allein schon für den Selbstrespekt. Und? Wann triffst du dich demnächst mal wieder so richtig bewusst mit dir selbst?

ES IST EGAL,
WER DU WARST.
SEI SO *frei*, NEU ZU
ENTSCHEIDEN,
WER DU AB JETZT SEIN
WILLST.

3 SELBSTFÜHRUNG JETZT!

Neulich hat mich eine Journalistin gefragt: »Wenn du nur ein Wort nennen darfst: Womit können wir uns das Leben leichter machen?« Während mein Kopf noch überlegen will, knallt schon meine Intuition dazwischen: »Selbstführung!«, schmettere ich raus, und es stimmt. Das ist für mich tatsächlich die wichtigste Qualität. Denn wenn du Selbstführung draufhast, bist du innerlich souverän. Und das heißt, du kannst dich auf dich selbst verlassen. Immer. Du weißt, was dein Anteil am Geschehen ist, wie du dich abgrenzt, gelassen Nein sagst und dass es gesund ist, Fehler zuzugeben. Du kannst dich über dich freuen, über andere, du lobst gern, und du kannst Feedback entspannt annehmen. Mehr Selbstführung. Jetzt! Das wünsch ich dir, und dafür trete ich an. Sei ruhig du selbst. Die anderen werden es überleben.

KURZE FRAGE,
WENN DU INNERLICH
HOCHKOCHST:

Lohnt sich die Aufregung?

4 DU HAST IMMER DIE MACHT!

Es ist schon abenteuerlich, was wir zwischen Guten Morgen und Gute Nacht rhetorisch so alles erleben. Schlichte Fragen werden zu Vorwürfen uminterpretiert. Meinungen verkaufen wir als Unterstellung. Wir nehmen vieles persönlich, weil wir nicht gelernt haben, wie Abgrenzung gelingen kann, und fühlen uns ausgeliefert. Ich glaube, mit der Energie, die wir täglich in Aufregung investieren, könnten wir ganze Städte beleuchten. Große Städte. Machen wir's uns lieber leicht, oder? Meine kleine Allzweckwaffe heißt: »Wer mich ärgert, bestimme immer noch ich.« Ein schönes, kleines, trotziges Selbstgespräch, das dich aus dem Stand beruhigen kann. Und es stimmt ja auch: Wer, wenn nicht du, sollte bestimmen dürfen, wie du dich fühlst? »Wer mich ärgert, bestimme immer noch ich« – für mich ganz klar der erste Schritt zu einem selbstbestimmten Mindset.

WENN DU ANDEREN ERLAUBST, DICH AUFREGEN ZU DÜRFEN, BESTIMMEN DIESE MENSCHEN ÜBER DEINE *Lebensqualität.*

5 WIESO IRGENDWAS PERSÖNLICH NEHMEN?

Neulich habe ich gedacht, wenn wir uns mal die Mühe machen zu übersetzen, was andere eigentlich sagen, wenn sie uns angreifen, dann könnten wir hören, dass sie vermutlich einfach über sich sprechen. »Wieso willst du deinen Job wechseln?«, heißt nämlich vielleicht eher: »Ich würde mich das nicht trauen«, oder: »Ich bin unzufrieden in *meinem* Job.« Lauter kleine Selbstgespräche. Wird übrigens superklar an einer simplen Geste: Wenn du mit dem Finger auf andere zeigst – mach es mal bitte kurz –, zeigen drei Finger immer noch auf dich. Ich glaube, es sind *diese* drei Finger, die *eigentlich* spannend sind. Also: Was sagt das, was dich am anderen stört, über *dich* aus? Wenn du das weißt, kannst du andere sein lassen und eine scheinbar nervige Situation für dich selbst nutzen, weil du dich fragst: Was kann *ich* jetzt dadurch lernen, dass der andere gerade so nervig ist? Das Leben ist ein Selbstgespräch.

WAS ANDERE ÜBER
DICH *denken*,
GEHT DICH IM GRUNDE
GAR NICHTS AN.

6 SCHLECHTES GEWISSEN

Im Coaching höre ich ganz oft: »Was habe ich wieder lange wach gelegen. Die ganze Zeit mit dieser Frage: Was denkt der jetzt von mir? Soll ich mich entschuldigen? Andererseits: Der spinnt ja wohl!« Du kennst das bestimmt: Wenn es draußen still wird, wird es innen meistens laut. Dann können wir es hören, das Gedankenkarussell, das sich übrigens auch den ganzen Tag über dreht, nur sind dann eben Handy, Straßenlärm oder die Gespräche lauter. Wenn *mein* Kopfkino tobt, bringen immer zwei simple Erkenntnisse schnell Ruhe ins System: 1. Was mich beschäftigt, ist bereits Vergangenheit. Also lass es los! Und 2. Jeder denkt sowieso, was er will. Egal, ob mir das gefällt oder nicht. Machen wir ja genauso. Deshalb, wenn du schlafen willst, geh bewusst dazwischen. Erlaube dir nur noch zwei Worte als Mantra und dabei schön atmen: EIN und AUS. EIN und AUS. Klappt meistens ziemlich gut, um loszulassen.

ALLE MENSCHEN
HABEN IHREN SINN
IN UNSEREM LEBEN.
DIE EINEN SIND
EIN *Geschenk*.
DIE ANDEREN
EINE *Lektion*.

7 WORTE UND TATEN

»Och, Frau Kuschik. Ist es nicht ziemlich egal, was jemand sagt, und viel wichtiger, *wie* sich dieser Mensch verhält?« Das hat mir mein Coach vor Jahren mal mit auf den Weg gegeben. Fand ich natürlich ganz schön blöd, weil ich schon immer *sehr* an Worten hing. Aber es stimmt ja: Worte zeigen dir, wie jemand sein *will*. Erst Taten zeigen dir, wie jemand wirklich ist. Deshalb für alle, die Lust auf eine Abkürzung haben: Hör immer gut hin. Und sieh, was danach passiert. Vor allem bei Menschen, die dich emotional auf Trab halten, lohnt es sich zu prüfen: Gibt es einen Gap zwischen dem, was jemand sagt, und dem, was er oder sie tut? Passt beides zusammen? Wenn nein, sind diese Menschen nicht glaubwürdig. In dem Fall halte dich lieber an ihre Taten. Spart enorm viel Zeit und jede Menge Drama. Eine gute Kombination, wenn das Leben leichter werden soll.

JE MEHR ECKEN
UND KANTEN
EIN *Diamant* HAT,
DESTO STÄRKER
strahlt ER.
IST BEI MENSCHEN
GANZ GENAUSO.

8 GESTÖRTE SELBSTWAHRNEHMUNG

Kennst du das, dass du völlig erstaunt bist, wieso jemand nicht sehen kann, was du ganz klar erkennst? »Dieses Foto von mir ist unmöglich. Muss sofort gelöscht werden! Merkwürdigerweise finden es alle anderen toll? Hallo? Es ist so eine Sache mit der Selbstwahrnehmung. Beispiel Kamera-Training: »Wieso sagt mir keiner, dass ich abstehende Ohren habe. Oh Gott! Und diese Stimme geht ja gaaar nicht!«, schreit neulich ein Manager. Ich wusste überhaupt nicht, was er meint. Da zeigt sich wieder mal: Du kannst etwas glauben oder nicht, du hast in jedem Fall recht. Die Magersüchtige geht mit 45 Kilo nicht vor die Tür, weil sie sich zu dick findet, und eine pralle Hundert-Kilo-Frau sagt sich: »Ich seh ja wieder sexy aus, heute geh ich bauchfrei!« Nichts davon stimmt und eben doch beides. Denn wer fühlt, hat recht. Daher: Ändere deine Einstellung, und du änderst immer auch dein Leben.

DU KANNST IMMER
ENTSCHEIDEN,
WER DAS *Privileg*
HABEN DARF,
DICH ZU BELEIDIGEN.

9 ÄRGER IST FREIWILLIG

Aufregung ist ein explosives Thema, das offenbar die Welt beherrscht. Kaum eine Coaching Session ohne ordentlich viel Aufregung. Wir stecken eine Menge Energie in dieses Gefühl, was schon bemerkenswert ist, wenn wir bedenken, wie extrem bewusst wir zum Beispiel beim Thema Essen sind. Wir fasten Zucker, die Eier sollen glücklich sein, das Joghurt richtig herumgerührt, Olivenöl ist kalt gepresst. Aber die eigene Stresshormon-Fabrik fahren wir mit Ärger, Sorgen und Stress dann ganz schön weit nach oben. Ein hausgemachter Cocktail ist das, der nichts bringt, außer Falten, Bluthochdruck und Schnappatmung. Daher als kleine Erinnerung für ein selbstbestimmtes Leben: Entscheide selbst, wer deine Knöpfe drücken darf.

WER DU BIST, IST EIN

Geschenk des Lebens.

WER DU WIRST,

IST DEIN GESCHENK

ZURÜCK.

10 ERFINDE DICH NEU

Es gehört nicht zu meinen Lieblingsmomenten, auf einer Party nach meinem Beruf gefragt zu werden. Bei *Coach* suchen nämlich viele schnell das Weite. Die Angst, analysiert oder gesehen zu werden, ist offenbar recht groß. Auf der Berlinale hat mich mal eine Schauspielerin ganz anders vorgestellt: *»This is Karin. She makes people shine.«* Da wollten dann plötzlich alle wissen, wer ich bin. »Wie denn, was denn, wo denn? Kannst du auch machen, dass *ich* strahle?« Worte und ihre Wirkung. Ja klar, kann ich das bei dir auch machen. Aber nicht, weil *ich* so klasse bin, sondern weil *du* längst deine Klasse in dir trägst. Mein Beitrag ist einfach nur, bedingungslos daran zu glauben. Und zu machen, dass du das selbst auch spüren kannst. Also: Wenn dir nicht gefällt, wer du bist und was du fühlst, tu dir einen Gefallen, und erfinde dich neu. Macht das Leben wirklich leichter.

WAHRHAFTIG ZU LEBEN, HEISST AUCH, *Wunder* ANZUERKENNEN.

11 AFFIRMATIONEN

Einen Tag bevor mein erstes Buch rauskam, habe ich diesen roten *Spiegel*-Bestseller-Sticker von einem anderen Buch abgekratzt und ihn auf meins geklebt. Einfach damit sich das Auge schon mal dran gewöhnt. Was soll ich sagen? Es hat geklappt. Bestseller. Peng. In der ersten Woche. »Karin kann halt affirmieren«, sagen dann immer alle. Stimmt gar nicht. Ich empfinde Sätze wie »Ich bin jetzt reich«, wenn jemand gerade pleite ist, eher als einen riesengroßen Hinweis auf Mangel. Hier glaube ich mal nicht an Worte, sondern ans Gefühl. Denn meine Erfahrung ist: Wenn du es hinbekommst, ein Gefühl der allergrößten Selbstverständlichkeit herzustellen, klappt fast alles. Wie wenn du auf den Lichtschalter drückst und ganz klar davon ausgehst, dass es hell wird. Du denkst nicht mal drüber nach. Wenn du so ein Gefühl herstellen kannst, während du an dein Ziel denkst, dann sage ich mit Überzeugung: Sei realistisch. Erwarte Wunder.

SPRICH GUT ÜBER DICH.
IMMERHIN HAST
DU MIT DIR DIE
längste Beziehung
DEINES LEBENS.

12 SICH SELBST VERZEIHEN

Es ist so eine Sache mit dem Leben. Keiner von uns kennt sein Haltbarkeitsdatum. Wurde einfach nicht mitgeliefert. Trotzdem werden wir nicht müde, Energie in Gefühle zu stecken, die völlig sinnlos sind: Angst zum Beispiel oder Sorgen und auch immer gern – das schlechte Gewissen, was natürlich die Situation auch noch nie verbessert hat. Mir hilft in diesem Moment dann immer ein wundervoller kleiner Satz, den ich mal von einer Therapeutin gehört habe, nachdem sie mich eine Stunde lang wegen einer Fahrstuhlangst behandelt hat, die ich nie hatte. Ich war wegen einer Spritzenphobie da. Als ihr das klar wurde, legte sie den Kopf schief und sagte einfach: »Na, das verzeihe ich mir am besten gleich mal selbst.« Und das war's. Völlig perplex habe ich damals sofort beschlossen, diesen Satz mit aufzunehmen in mein wunderbares Sätze-Repertoire. Das verzeihe ich mir am besten gleich mal selbst. Großartig!

ANGST BEGINNT
IM KOPF.
Mut BEGINNT
IM HERZEN.

13 DAS EWIGE ZÖGERN

Zögern. Zweifeln. Versuchen. Alles Impulse, die uns wahnsinnig viel Kraft und Zeit rauben. Bedenkenträger wissen, was ich meine. Gerade Zweifel sind echte Stimmungskiller und haben selten etwas anderes bewirkt, als noch mehr Zweifel anzuziehen. Für einen waschechten Abwäger kann schon die Speisekarte zur Raketenwissenschaft werden. Ich kenne das selbst von früher. Zum Glück sage ich seit vielen Jahren im Restaurant ganz oft nach wenigen Sekunden: »Dann nehme ich mal das hier«, und klappe die Karte wieder zu. Ein herrlich befreiendes Gefühl ist das. Denn sein wir mal ehrlich, unsere Mutter hat nach der Schule auch nicht mit der Speisekarte vor uns gestanden. Es gab halt, was im Topf war. »Dann nehme ich mal das hier« ist daher mein simpler Tipp für alle Zweifler unter uns. Und auch einer meiner *50 Sätze, die das Leben leichter machen*. Eine ganz wunderbare Abkürzung für alle, die die Kunst der schnellen Entscheidung üben wollen.

DU MUSST

nicht alles glauben,

WAS DU HÖRST.

BESONDERS NICHT,

WENN DU ES SAGST.

14 MANIPULATIONEN

Also eines ist klar, niemand kann dich so gut manipulieren wie du dich selbst. Wir erzählen uns unsere eigenen Geschichten ja meistens so lange, bis wir gar nicht mehr auf die Idee kommen, dass auch etwas anderes stimmen könnte. »Ich kann nicht vor Leuten reden«, »*Wenn* einer kleckert, dann ich«, »Kopfschmerzen dauern bei mir *immer* drei Tage«, »Typisch Berlin«. Wir erleben vor allem das, was wir für möglich halten. Das Problem dabei: Wir kriegen gar nicht mit, dass wir schon längst anders wären, wenn wir uns eine andere Story erzählt hätten. Ihr kennt vermutlich diese erstaunliche Zahl: Über 90 Prozent aller Gedanken von heute haben wir gestern bereits gedacht und davor und davor auch. Daher glaub nicht alles, was du hörst, besonders nicht, wenn du es sagst. Lass lieber auch neue Gedanken zu, so funktioniert ja Entwicklung. Alles andere ist eher Verwicklung.

SOLANGE DU AN
ETWAS FESTHÄLTST,
DAS DIR NICHT GUTTUT,
BETRÜGST DU
DICH UM DIE
Schönheit Deines Lebens.

15 VERLUST

Irgendwann bin ich gut im Loslassen geworden. Richtig gut sogar. Musste ich auch. Denn ich hatte ganz viel verloren. Und Verlust ist einer der großen Lehrmeister im Leben. Job weg, Gesundheit weg, Haus, Mann oder Geld weg. Das sind die Wachrüttler, an denen wir wachsen können. Umso wichtiger finde ich es, dass wir uns immer klarmachen: Wir selbst entscheiden, wie viel Gewicht wir einem Thema geben wollen. Wie ernst willst du eine Sache nehmen? Kannst du aufhören, an Menschen zu denken, die dir nicht guttun? An Situationen, die dich stören? Denn wenn du in einer Gedankenspirale festhängst, nährst du damit nur genau das, was du loswerden willst. Was du gießt, das wächst nun mal. Deshalb: Zieh lieber deine Gedanken ab. Sag dir »STOPP!«, wenn dich etwas stört, und denke etwas Neues. Lass los. Einfach so. Weil du es willst. Wer sollte das sonst entscheiden dürfen, wenn nicht du?

WENN DIR
NICHT GEFÄLLT,
WAS DU ERLEBST,
BETRACHTE ES NEU.
Realität IST IMMER
VERHANDELBAR.

16 REALITÄT IST VERHANDELBAR

Es ist so eine Sache mit der Realität. Es gibt nämlich keine. Jeder hat seine eigene. Wir starren alle auf dieselbe Sache, und jeder beschreibt danach was anderes. Der eine blickt durch ein vergittertes Fenster und sieht die Natur dahinter, die andere erkennt nur schwarze Gitterstäbe. Wer hat jetzt recht? Bei der Sache mit dem Glas ist es genauso. Ist es halb voll oder halb leer, wenn 50 Prozent drin sind? Entscheiden immer die Betrachter, oder? Deshalb, lieg doch mal auf der Lauer. Was machst du zu deiner Realität? Konzentrierst du dich auf das, was fehlt, oder auf das, was da ist? Fokussierst du dich auf dein Ziel oder auf die Hindernisse im Weg? Auf den Zweifel, den Sieg, Sorgen oder Angst? Es ist immer alles gleichzeitig da, doch welche Wahrheit wir glauben, legt jeder selbst fest. Realität, da bin ich sicher, ist ganz und gar verhandelbar.

MEIST STRESST UNS DAS, WAS WIR IMMER WIEDER AUFSCHIEBEN. SELTEN SIND ES DINGE, DIE WIR *tun*.

17 AUFSCHIEBERITIS

Kennst du das, dass du dich morgens ganz beschwingt an deine To-do-Liste setzt, dir dabei zusiehst, wie sie kleiner wird, und abends ist sie dann wundersamerweise länger als vorher? Manche Aufgaben haben sogar diese zähe, sture Kraft, sich von einer Liste auf die nächste zu schieben. Bei mir stand mal zwei Monate lang »Reisepass verlängern« auf der Liste. Klarer Fall von Prokrastination. Ich habe das immer wieder übertragen. Irgendwann wollte meine Hand es nicht mehr schreiben. Sie hat einfach gestreikt. Ist gar nicht lange her. Dann habe ich mich an einen Satz erinnert, der mir vor ewigen Zeiten mal in den Kopf geschossen ist: Es dauert zwei Minuten, einen Knopf anzunähen, und es kann zwei Jahre dauern, ihn nicht anzunähen. Was soll ich sagen? Ich habe den Pass sofort verlängern lassen. Und kann deshalb jetzt sagen: Schönste Grüße aus Afrika, wo ich diese One Minute Message gerade für dich schreibe. Also: Machen. Am besten JETZT. Kann ganz wunderbar befreiend sein.

WENN DU SCHON
ETWAS TUN MUSST,
KANNST DU GENAUSO
GUT ENTSCHEIDEN,
ES AUCH TUN ZU *wollen*.
FÜHLT SICH EINFACH
BESSER AN.

18 DAS EWIGE MÜSSEN

Kennst du diesen inneren Druck, wenn du daran denkst, was du noch alles tun *musst*. Wenn wir sagen »Ich muss noch zum Arzt« oder »Ich muss noch ein Geschenk kaufen«. Du fühlst dich gehetzt dabei, im Stress, unter Druck. Die Hauptbotschaft an uns selbst heißt hier: Wir können nichts entscheiden, wir stehen unter Zwang, wir wollen nicht, wir *müssen*. Verstehe ich total, es bringt nur nichts, uns diese Story zu glauben. Sinnvoller ist es, die Wahrheit dahinter zu erkennen. Und die heißt in unserem Beispiel nicht »Ich *muss* zum Arzt!«, sondern »Ich *will* meine Gesundheit checken lassen«, und auch nicht »Ich muss noch ein Geschenk kaufen«, sondern »Ich will zur Party gern was Schönes mitbringen«. Wenn wir es schaffen, uns dafür zu entscheiden, dass wir etwas tun wollen, während wir ernsthaft glauben, dass wir etwas tun *müssen*, wird das Leben von einer Sekunde auf die nächste plötzlich leichter. Müssen ist eine Frage der Entscheidung. Und Wollen eben auch.

Quick Fix BEI STÖRGEFÜHLEN: ATME AUS, WAS DICH STÖRT. ATME EIN, WAS DIR GEFÄLLT. *Lächle.* EINFACH SCHON MAL VORSICHTSHALBER.

19 DIE LÄSTIGE UNGEDULD

»Don't push the river« ist eine typische Ermahnung aus der Coaching-Ausbildung. Und sie meint: Drücke niemanden vorwärts. Jeder hat sein eigenes Lerntempo. Du kennst das vielleicht: Wir selbst haben ja bei anderen immer voll den Durchblick. Wir wissen, was da für ein Muster läuft, und wollen es auch unbedingt benennen. Bringt nur meistens nichts, Lieferando zu spielen und anderen ihr Thema auf dem Tablett zu servieren. Erst recht nicht, wenn es stimmt. So etwas motiviert in den seltensten Fällen zu einer Verhaltensänderung. Wir sind nun mal Menschen. Und Menschen haben Egos, und die wollen immer selbst draufkommen. Erst dann ist eine Wahrheit etwas wert. Daher, wenn Ungeduld dein Thema sein sollte, bleib lieber entspannt. Du schreist ja auch kein sechs Monate altes Baby an: »Jetzt lauf halt mal!« Alles hat seine Zeit. Stimmt bei uns und für die anderen eben auch.

WENN DU MITTEN
IM *Sturm* STEHST,
DENK DARAN, DASS
JEDER EINZELNE STURM
NOCH JEDES EINZELNE
MAL *vorüberging.*

20 VERZWEIFLUNG

Oft ist es im Coaching so, dass der Moment der größten Verzweiflung der letzte Moment vor dem Durchbruch ist. Gerade neulich hat eine Klientin gejammert, dass unser Stundenkontingent doch gar nicht reichen kann, weil sie einfach so langsam ist. »Nein«, sage ich, »du bist doch ganz kurz davor! Nur zweimal noch will dein System vielleicht dasselbe erleben. Wirst du mal sehen, und dann legst du los!« Was soll ich sagen? Genauso war's! Beim nächsten Telefon-Coaching merke ich schon an ihrem »Hallo?«, da ist ja richtig was passiert! Sie war eine andere. Neue Haltung. Klare Sprache. Feste Stimme. Die dunkelste Stunde, wie das Paulo Coelho im *Alchimisten* schreibt, ist eben tatsächlich oft die Stunde vor Sonnenaufgang. Insofern: Freu dich, wenn dir gerade etwas aussichtslos erscheint, Verzweiflung ist ja oft ein guter Trigger für Veränderung.

DAS LEBEN WIRD
LEICHTER, WENN DU
EINE *Entschuldigung*
AKZEPTIERST, DIE DU
NIE BEKOMMEN HAST.

21 DIE FEHLENDE ENTSCHULDIGUNG

Um es gleich vorwegzunehmen: Ich bin keine Vergebungsspezialistin. Aber wie das so ist, wenn ich noch nicht da bin, wo ich gerne sein will: Dann stelle ich's mir einfach vor. Denn ich liebe Geschichten, und ich liebe Filme. Es liegt also nahe, wenn das Leben gerade mal spinnt, sich ein paar Menschen vielleicht danebenbenehmen, meinen eigenen Film zu drehen. Einen, der mir besser gefällt. Wozu haben wir sonst diese großartige Gabe namens Vorstellungskraft? Stell dir einfach vor, die oder der andere hat sich bei dir formvollendet entschuldigt. Genau so, wie es dir guttut. Und dann nimm die Entschuldigung dankbar an. Setze sie mitten rein in dein Herz. Das habe ich mal bei einem furchtbar missgünstigen Kollegen so gemacht. Wirkte wirklich Wunder. Das Leben wird eben leichter, wenn wir uns das, was wir bei anderen vermissen, einfach großzügig selbst schenken.

DER BESTE *Sieg*
IST DER SIEG ÜBER
DICH SELBST.

22 ÜBERWINDUNG

Ich war neulich in Tunesien, Thalasso-Kur, Reiten am Strand, und – oh, là, là – hatte ich völlig vergessen: Französisch sprechen. Nach dem dritten *»Bonjour Madame, comment allez-vous?«*, fiel mir wieder blitzartig ein, wieso ich Französisch als erstes Fach abgewählt hatte. Da aber einer meiner Leitsätze heißt: »Wenn schon scheitern, dann bitte schön mit Freude«, habe ich es einfach durchgezogen und eine ganze Woche lang rumgestammelt, dazugelernt und weitergestottert. Mit anderen Worten: Ich habe mich überwunden, dadurch ausgedehnt und wieder mal erlebt, der schönste Sieg ist immer noch der Sieg über sich selbst, oder? Achtmal hinfallen, neunmal aufstehen, so funktioniert nun mal Entwicklung. Daher: Wenn du dich öfter zierst oder dir etwas schnell peinlich ist, dann ist es eben peinlich. Mach einfach trotzdem weiter. Alles andere zieht nur deine Kraft und bringt rein gar nichts. Allez hopp!

AUCH DAS, WAS SICH VÖLLIG FALSCH ANFÜHLT, HÄLT IMMER EIN *Geschenk* FÜR UNS BEREIT.

23 FALSCHE ENTSCHEIDUNGEN

Ich glaube nicht an »falsche Entscheidungen«. Also das, was wir dann meistens Fehler nennen. Fehler sind für mich einfach nur Erfahrungen, von denen wir *behaupten*, dass sie falsch waren. Ein reines Bewertungsthema. Wenn du zum Beispiel denkst: »Das war ein riesiger Fehler, gegen mein Gefühl nach München zu ziehen!« Dann möchte ich das mal ernsthaft bezweifeln. Nur weil du überhaupt gegen dein Gefühl nach München gezogen bist, kannst du doch heute sicher sagen: »Ab jetzt treffe ich nie wieder eine wichtige Entscheidung gegen mein Gefühl.« Oder klarer: »Wenn meine Intuition in Zukunft Nein sagt, dann folge ich ihr auch.« Und das lässt dann die scheinbar falsche Entscheidung gleich goldrichtig wirken. Ob also eine Entscheidung gut oder schlecht war, bestimmst immer noch du. Du bewertest, du entscheidest. Entscheide am besten zu deinen Gunsten. Macht das Leben leichter.

WIESO DEN *Spiegel*

ANSCHREIEN,

WENN DIR NICHT

GEFÄLLT,

WAS DU DARIN SIEHST?

24 PROJEKTIONEN

Ich finde ja, es lohnt sich absolut, mal ganz genau hinzuhören, wer sagt eigentlich was. Redet jemand über mich oder über sich, wenn er mit mir spricht? Ganz oft heißt die Antwort: Selbstgespräch. »Wie die wieder rumläuft«, zum Beispiel, übersetzt sich vielleicht eher mit: »Ich würde nicht so rumlaufen!« »Was sollen denn die Leute denken?« heißt womöglich: »Mir selbst ist es wichtig, nicht aufzufallen.« Und wenn jemand sagt: »Die kann sich eben gut verkaufen«, heißt die Übersetzung vielleicht: »Ich kann es leider nicht.« Sehr oft nutzen Menschen uns als Spiegel, in dem sie sich selbst betrachten. Pure Projektion. Und wenn ihnen nicht gefällt, was sie sehen, schreien sie den Spiegel an. Kennst du das auch von dir? Dann lass los. Oder von anderen? Dann lass erst recht los, weil damit ja klar wäre, du musst gar nichts persönlich nehmen, denn da redet gerade jemand einfach nur über sich! Kann ziemlich erlösend sein, dieser Blick.

Angst IST WIE EINE HEISSHUNGERATTACKE. SIE KOMMT UNVERHOFFT UND BRINGT REIN GAR NICHTS.

25 SINNLOSE SORGEN

»Sorgen sind genauso sinnvoll, wie dir ein Pflaster aufzukleben, bevor du dich geschnitten hast.« Dieser Satz wird von *50-Sätze*-Fans regelmäßig in die Top 5 gewählt, dabei hat er im Buch nicht mal ein eigenes Kapitel; er steht irgendwo mittendrin. Ich erinnere mich noch genau an die Situation, in der er mir eingefallen ist. Es war eines der wenigen Male, in denen ich ratlos war, bei einer Klientin, die partout ihre Sorgen nicht aufgeben wollte. Dann ist mir diese Metapher eingefallen, und plötzlich war es still. Das Bild sank wie ein Stein, den man in einen See geworfen hat. Und dann hat die Frau einfach aufgegeben. Die Sorge losgelassen. *Just like that.* »Sorgen sind genauso sinnvoll, wie dir ein Pflaster aufzukleben, bevor du dich geschnitten hast.« Ein *Magic Moment* war das. Auch für mich.

WILLST DU RECHT HABEN ODER *glücklich* SEIN? EINE LEICHTFÜSSIGE FRAGE, DIE IMMER SCHNELL BERUHIGT.

26 RECHTFERTIGUNGEN

Oft haben wir recht und wollen das dann auch sofort belegen. Wir fertigen also im wahrsten Sinne des Wortes unser Recht. Klappt nur leider nicht. Meistens macht das Recht nämlich eher uns fertig. Wer Gründe und Beweise auffährt, katapultiert sich nun mal direkt ins Drama-Dreieck, und das wilde Pingpong-Spiel zwischen WEIL und ABER beginnt. Mal ehrlich: Wie oft kam nach einer Rechtfertigung »Ach so, ja klar, dann sehe ich das jetzt ein. Recht hast du!«? Durfte ich neulich auch selbst erleben. Mein Anwalt war ganz verblüfft über so viel Naivität: »Aber, Frau Kuschik, Sie bekommen doch nicht recht, nur weil Sie recht *haben*!« Bekomme ich nicht?! Da war ich aber platt. Tja, was soll ich sagen? Ich habe mich dann ziemlich schnell gefragt, ob ich recht haben oder lieber glücklich sein will, und die Antwort schon während der Frage gespürt. Also habe ich losgelassen, eingelenkt, nicht recht bekommen und dennoch die Situation befreit verlassen, denn der überflüssige Kampf war endlich vorbei.

OFT HALTEN WIR
UNS ZURÜCK,
WEIL WIR GLAUBEN,
DASS DAS FEUER
LODERN MUSS,
BEVOR WIR STARTEN.
WAHR IST:
EIN *Funke* REICHT.

27 GELASSENHEIT

Gelassenheit ist die Zwillingsschwester von Souveränität. Beide sind tiefenentspannt. Fragt sich nur, wie kommst du in diesen Zustand? Mein Tipp: indem du dir versprichst, deine Nummer eins zu sein. Und das heißt nicht »Mein Haus, mein Boot, mein Auto«, sondern: Ich kenne mich und meine Bedürfnisse, ich bekomme mit, was mir fehlt und was ich verändern will, damit ich innerlich wieder ruhig sein kann. *»Me first!«* finde ich daher überhaupt nicht egoistisch, sondern spirituell sogar erstrebenswert. Ist nicht genau das echte Seelenhygiene, wenn wir zuerst uns selbst helfen, damit wir überhaupt in der Lage sind, anderen beizustehen? Fragt sich nur, wie wir es hinkriegen, uns selbst gegenüber achtsam zu bleiben, wenn uns jemand verbal angesprungen hat. Was sicher hilft, ist, ein beherztes »Gute Besserung!« im Repertoire zu haben. Je selbstverständlicher es klingt, desto wahrscheinlicher die Deeskalation. Auch Gelassenheit ist eine Frage der Entscheidung.

TRIFFST DU SELBST
DEINE *Entscheidungen?*
ODER TREFFEN
SIE DICH?

28 ENTSCHEIDUNGS-SCHWÄCHE

»Sag doch mal was über Entscheidungen!«, hat sich neulich jemand gewünscht. Fällt ja vielen schwer das Thema. Ich kann das nachvollziehen. Weil ich früher auch oft hin- und hergerissen war. Und dann hat es mir irgendwann gereicht. Ich fand es Lebenszeitverschwendung, mich mit »Einerseits-Andererseits« zu beschäftigen. Wir wissen ja: Das Leben ist keine Generalprobe, die Vorstellung läuft bereits. Daher habe ich mir angewöhnt, »Ich weiß nicht« grundsätzlich mit »Nein« zu übersetzen und – Halleluja, spart das Zeit. Auch schön beim Thema Entscheidungen ist diese simple Frage: »Wenn ich könnte, wie ich wollte, also: wenn es keine Beschränkungen gäbe, wie würde ich denn *dann* entscheiden?« Ziemlich sicher poppt daraufhin eine schnelle Antwort hoch. Und weißt du, was du dann machst? Genau das! Denn Fakt ist ja: Die einzig wirkliche Beschränkung sind immer noch wir selbst.

DU KANNST EIN
PROBLEM NUR *lösen*,
WENN DU DICH VON
DEM PROBLEM LÖST.

29 DIE KURVE KRIEGEN

»Wie kann ich Menschen im Job, die im Beschwerdemodus hängen, wieder auf eine professionelle Ebene zurückholen, damit wir konstruktiv weiterarbeiten können?«, hat mich neulich eine Frau gefragt. Ich fand, sie hat sich die Antwort eigentlich schon mitgeliefert. Genau das formulierst du nämlich einfach als S.T.O.P., die Kurzform von *State The Obvious Promptly*, also: das Offensichtliche benennen. Könnte dann so klingen: »Ja, Tom. Wie kommen wir denn jetzt wieder vom Beschwerdemodus auf eine professionelle Ebene? Wir dürfen ja auch mal weiterarbeiten.« Und das reicht. Denn der Zauber einer Frage ist ja: Du kriegst eine Antwort. Und wenn die nicht zielführend ist, dann fragst du einfach weiter. »Was kann ich tun, damit du weiterarbeiten kannst, Tom?« Oder: »Was kannst *du* tun oder sein lassen, damit das jetzt klappt?« Einfach benennen, was ist. Frage anschließen. Fertig. Klappt sehr zuverlässig.

WENN DU KURZ
DAVOR BIST
AUFZUGEBEN,
MACH EINFACH
DEN NÄCHSTEN
SCHRITT
EIN BISSCHEN *kleiner.*

30 DURCHHALTEVERMÖGEN

Mein Leichtathletik-Trainer hat früher immer gesagt: »Komm, komm, weiter, immer ans Ergebnis denken: Hessenmeisterschaft!«, und wie durch ein Wunder klappten dann die nächsten Liegestütze doch noch irgendwie ganz gut. Was ich sagen will, ist, wenn dir Durchhalten schwerfällt, geh einfach mit den Gedanken ins Ziel. Du startest ja aus einem bestimmten Grund. Irgendwas soll danach leichter, besser, schöner sein. Mach dir klar, wofür du das Ganze veranstaltest. Meistens habe ich erfahren, treten wir für mehr *Freiheit* an. Die wollen wir uns mit einem irren Aufwand oft erschaffen. Daher mein Tipp: Sei beim Tun immer im Jetzt. Konzentriere dich nur auf den nächsten Schritt. Und im Kopf sei schon voll im Ergebnis. »Freiheit, Freiheit, Freiheit«, flüstere ich mir manchmal auch von innen zu. Kann uns ganz wunderbar darin unterstützen, entspannt durchzuhalten.

WENN DU DICH

FRAGST, WAS ANDERE

über Dich denken,

HÖR LIEBER AUF.

JEDER DENKT SOWIESO,

WAS ER WILL.

31 ICH PASSE NIRGENDWO REIN

Du passt nirgendwo rein? *Welcome to the Club*. Da geht's mir aber ähnlich. Kann mich noch an ein Abi-Treffen erinnern: Da hieß es nämlich: »Ach, die Karin, hat auch immer zum harten Kern gehört.« Und ich dachte: *What?* Seit wann das denn? Ja, ich habe auch hinten in der letzten Reihe im Bus gesessen und nicht mit der Brechtüte in der Hand hinterm Busfahrer, aber dazugehörig habe ich mich nie gefühlt. Finde ich auch gar nicht schlimm. Denn auch diese Menschen gehören ja zur Gruppe. Der Extravertierte, die Introvertierte, der Mainstreamer. Jedes Puzzlestück gehört zum Bild. Deshalb mein Tipp für alle, die das Thema wurmt: Hör lieber auf, dein Anderssein zu bewerten, oder bewerte es einfach positiv. Sei doch ruhig anders. Sei es gern. Und wenn das klappt, gehörst du vermutlich sogar ganz plötzlich dazu. Das Leben geht ja oft ganz paradoxe Wege.

DIE DRAMEN VON
HEUTE SIND VIELLEICHT
DAS *Glück von morgen.*
ALLES SCHON ERLEBT.

32 ANNEHMEN, WAS IST

Viele wollen mit einigem Druck im Kessel lernen, wie »Annehmen, was ist« gelingen kann. Da fällt mir sofort ein: »Es ist, wie es ist, wie es ist«, diesen Satz hatte ich mal einer Schauspielerin geraten, die am Durchdrehen war, weil sie eine Rolle nicht bekommen hatte, stattdessen bekam sie immerhin ihren Mann. Wenn bei mir mal der Erfolg ausbleibt, obwohl ich echt viel dafür geackert habe, würde ich mich als Erstes fragen: Wer bin ich schon, dass ich jetzt angeblich weiß, was am besten für mich ist? Ich weiß es ja eben nicht. Die Welt ist so viel größer als mein kleiner Kopf. Insofern gebe ich meist an dieser Stelle ab und sage so etwas wie »Danke für die beste Lösung für mich und alle Beteiligten«. Bitten würde ich nie. Danken ist schon die höchste Form der Bitte. Tja, und dann? Einfach deine Energie vom ungeliebten Thema abziehen und gespannt sein, womit dich das Leben als Nächstes überrascht.

DAS LEBEN WIRD
LEICHTER,
WENN DU
»BEDROHUNG«
MIT »*Abenteuer*«
ÜBERSETZT.
UND »ANGRIFF« MIT
»*Angebot*«.

33 ANGRIFFE

Wo steht eigentlich geschrieben, dass wir Angriffe von Kollegen, Fremden, Freunden persönlich nehmen sollen? Für mich ist das, was wir impulsiv »Angriff« nennen, erst mal Verhandlungssache. Quasi eine Frage der Einstellung. Und deshalb weigere ich mich oft, Angriffe überhaupt so zu betrachten. Ich nenn sie lieber Angebot. Da greift mich jemand an? Aha. Interessantes Angebot. Da flippt eine aus? Spannendes Angebot. Was sie wohl hat? Seien wir ehrlich: In der Regel sagen Reaktionen mehr über diejenigen aus, die gerade durchdrehen, als über den, der es abkriegt, oder? Klar kann sich auch mein Ruhepuls erhöhen, aber für diesen Fall gibt es ja schöne Sätze. Zum Beispiel: »Ich kann Sie so gut verstehen. Sie müssen gar nicht schreien.« Oder eben das berühmte »Tja Mensch, dann gute Besserung!«. Bleib lieber locker, schlag das Angebot aus, und entscheide selbst, ob du dich angegriffen fühlen willst oder nicht.

ONE DAY ODER

DAY ONE?

Du entscheidest!

34 WIE SOLL ICH STARTEN?

»Ich scheitere ganz oft schon im ersten Schritt. Wie soll ich anfangen?«, hat mir jemand geschrieben. Hm ..., mach es wie eine Turmspringerin: einen Schritt nach vorn. Im Ernst, ich habe keinen besseren Rat. Du fängst an, indem du anfängst. Nicht, indem du nach dem super Tool für den besten Anfang suchst. Du findest, indem du die Suche einstellst. Meine Freundin Annelie hat mir das mal ganz großartig gespiegelt. Wir hatten uns ewig nicht gesehen, saßen dann endlich zusammen, und ich erzählte ihr von einer Romanidee, die ich aus Zeitmangel leider nicht umsetzen kann. Da steht sie mitten im Gespräch auf, zieht ihre Jacke an und sagt: »Doch! Jetzt schon. Ich geh dann mal.« – »Ähm ..., echt jetzt?« – »Ja, dann kannst du gleich mal anfangen!« Was soll ich sagen? Hab ich gemacht. Nach fünf langen Jahren! Daher: Wie du anfangen sollst? Indem du anfängst. Einen Schritt nach vorn.

ES ZEUGT SCHON VON *Selbstsicherheit*, MAL EBEN KURZ SAGEN ZU KÖNNEN: JETZT BIN ICH ABER UNSICHER!

35 HILFLOSIGKEIT

Hilflosigkeit ist ein Wort, an das ich nicht recht glaube, denn es sagt ja: »Ich bin überzeugt davon, dass ich nicht weiß, wie es weitergeht, deshalb soll mir jemand helfen.« Und wenn sich kein anderer findet? Dann darfst du natürlich dieser Jemand sein und an die beste Version appellieren, die zum Glück auch immer in dir wohnt. Daher, wenn du nicht weißt, was du machen sollst, formuliere einfach ganz selbstverständlich genau das. Also: »Jetzt bin ich aber überfragt.« Oder: »Da fehlt mir jetzt die Fantasie!« Oder: »Da bin ich komplett überfordert! Keine Ahnung, wie ich hier weiterkomme!« Sag einfach, was ist! Denn wenn du dich so reden hörst, fährt dein System sofort Richtung Selbstbewusstsein hoch. Denn du musst schon ganz schön sicher sein, um entspannt sagen zu können: »Da bin ich aber unsicher.« Aus meiner Sicht daher immer ein erster Schritt zum *easy way out*.

Gedanken KÖNNEN WIE SCHWER ERZIEHBARE KINDER SEIN. WENN WIR NICHT AUFPASSEN, TANZEN SIE AUF DEM TISCH.

36 MACHTÜBERNAHME

»Ich zerdenke immer alles. Wie kann ich besser loslassen?«, hat mich neulich jemand gefragt. Hm ... Loslassen? Ich glaube, dein Ziel sollte eher Machtübernahme heißen, oder? Also: Bestimmen können, was du denken willst, denn momentan bestimmen deine Gedanken ja dich. Es geht darum, wieder die Kutsche zu lenken, statt das Pferd zu sein oder von deinen Gedanken rumkutschiert zu werden. Und das kann so klingen: »Stopp! Ich verbiete mir jetzt diesen Gedanken.« Dann guckst du vielleicht auf die Uhr und sagst: »So, ich verschiebe das Grübeln jetzt auf 20:15 Uhr! Danke fürs Zuhören an alle Instanzen. So, was mache ich denn jetzt stattdessen? Ah ja, lesen!« So was in der Art. Sprich mit deinen Gedanken wie mit völlig überdrehten Kindern. Da darfst du auch eine Ansage machen. Zeig einfach oft genug, wer die Chefin, wer der Pilot in deinem Kopf ist: du!

ENTSPANNTE

Abgrenzung

IST TATSÄCHLICH

EIN GESUNDER

AUSDRUCK

VON *Menschenliebe*.

37 ENERGIERÄUBER

Es gibt Menschen, die es irgendwie hinkriegen, uns Energie abzusaugen. Schon mal erlebt? Ist wie an der Tankstelle: Die anderen tanken ihren Wagen voll, und deine Zapfsäule ist danach leer. Klarer Hinweis darauf, dass wir vergessen haben, uns treu zu bleiben. Denn wer leerer wird in der Gegenwart anderer, hat sich nicht gut genug abgegrenzt oder überhaupt nicht. Das Gute ist: Energieräuber haben in der Sekunde keine Chance mehr, in der du entscheidest, wieder bei dir zu bleiben. Und das gelingt mit einer klaren Ich-Botschaft am besten: »Ich fühle mich hier gar nicht zuständig« zum Beispiel. Oder wenn jemand mit deiner Antwort nicht zufrieden ist und es noch mal hören will, dann sagst du halt: »Das war meine Antwort. Ich hab gar keine bessere.« Oder: »Du, ich möchte jetzt lieber auflegen. Ist, glaub ich, besser für mich.« Hör einfach auf, Lieferando zu spielen. Nichts mehr liefern zu müssen und dabei entspannt zu bleiben, kann herrlich befreiend sein.

HÖR GUT ZU, WIE DU

über Dich sprichst

WÜRDEST DU

DAS AUCH

ANDEREN ERLAUBEN?

38 EIGENLOB

Wie erstaunlich schlecht wir darin sind, gut über uns zu reden. Schon mal gemerkt? Ich komme mir manchmal regelrecht exotisch vor, denn irgendwie fällt mir das leicht. Neulich bei meiner Ärztin: »Sie haben ja ein Buch geschrieben!«, ruft sie freudig, als ich ins Zimmer trete. »Schon gelesen? Ist wirklich gut!«, sage ich und komme mir leicht komisch vor. Klang das jetzt vermessen? Daher schnell mal nachgeschoben: »Ich meine, wenn wir uns das nächste Mal sehen, wird es nicht peinlich für Sie. Sie werden es lieben!« Okay ... ich bin dabei, mich reinzureden. Also sage ich: »Ich meine: Hätte ich es nicht geschrieben, ich würde es kaufen!« Echt jetzt, Karin? Kannst du bitte mal schweigen, denke ich und bin dann lieber still. Die Erfahrung, dass viele nicht damit klarkommen, wenn wir uns über uns selbst freuen, hat mich hier tatsächlich zum Eiertanz getrieben. Bei Kindern finden wir dieses Verhalten immer süß. Bei Erwachsenen dann aber hochsuspekt. Schade eigentlich.

VIELE WOLLEN

sicher SEIN.

ANDERE LIEBER *frei*.

VIELLEICHT SIND

WIR JA SICHER,

WENN WIR FREI SIND?

39 WENN NICHTS MEHR SICHER IST

Mir hat Unsicherheit schon immer ein sicheres Gefühl gegeben. Klingt paradox. Ist aber eigentlich logisch. Denn wenn nichts klar ist und alles möglich, hängen wir völlig in der Luft. Und das heißt auch: Egal, was jetzt passiert: Ich bin die einzige Konstante unter all den vielen Variablen. Und genau das macht mich ruhig, denn auf mich kann ich mich ja hundert Prozent verlassen. Mir selbst bin ich immer treu. Ich kenne meine Werte. Falls das bei dir noch nicht so ist: Leg sie doch mal für dich fest. Was ist dir wichtig? Wonach willst du dich richten? Welche Regeln sollen in deinem Planetensystem gelten? Wofür stehst du, wofür nicht? Was willst du bekommen vom Leben, und was willst du geben? Wenn das klar ist, kannst du aufhören, im Außen nach Sicherheiten zu suchen. Die findest du dann nämlich in dir drin. Und ab dann fühlst du dich auch in der größten Unsicherheit gaaanz sicher.

WENN DICH ETWAS
STÖRT, FREU DICH.
IST IMMER EINE
TOLLE *Chance*,
UM ÜBER DICH
hinauszuwachsen.

40 ES GUT SEIN LASSEN KÖNNEN

»Die Dinge annehmen können, wie sie sind«, ist immer wieder der große Wunsch von vielen Coachees. Übersetzt heißt das: Gelassenheit. Wenn es dir schwerfällt, Gelassenheit herzustellen, könntest du auch Bewertungen abstellen. Denn es sind unsere Bewertungen, die uns im Weg stehen zum Glück. Du hast eine konkrete Vorstellung im Kopf. Die stimmt mit der Realität nicht überein, und *diesen* Gap bewertest du dann negativ. Vielleicht begegnest du solchen Situationen mal komplett neu? Schmeiß deine Vorstellungen einfach weg! Tu so, als hättest du nie welche gehabt. Als hörtest du gerade zum ersten Mal von deinem Thema. Dann wirst du sehen, geht es plötzlich viel leichter, die Dinge gelassen anzunehmen. Ist wie bei einer Regenwolke. Da stehst du auch nicht auf der Terrasse und schreist nach oben: »Hatte ich mir anders vorgestellt!« Es ist, wie es ist, wie es ist. Spann halt den Schirm auf.

DAS LEBEN HAT KEIN

Haltbarkeitsdatum.

AM BESTEN, WIR

BENEHMEN UNS SO,

ALS HÄTTEN WIR DAS

VERSTANDEN.

41 DAS KANN ICH MIR NICHT LEISTEN

Irgendwann ist mir aufgefallen: Die größten Risiken bin ich in meinem Leben immer eingegangen, wenn faktisch alles dagegensprach. Wenn das Geld gefehlt hat, der Mut, die Unterstützung. Wenn eben die Anzeichen im Außen so gar keinen Sinn gemacht haben. Mit ausgereiztem Dispo drei Monate nach Bali reisen? Dort dann drei Monate Geld ausgeben, während ich hier keins verdiene? Schlechte Kombination und völlig unprofessionell. Ich habe es trotzdem gemacht. Mir fehlte einfach die Freiheit. Also dachte ich mir: Kann ich es mir leisten, nach Bali zu gehen? Nein. Auf keinen Fall! Kann ich es mir leisten, nicht hinzugehen? Noch weniger. Also bin ich geflogen, und das war auch verdammt gut so. Deshalb ist der Satz »Ich kann es mir nicht leisten, das nicht zu tun« in Anbetracht unseres relativ kurzen Aufenthalts auf dem Planeten eine Haltung, die ich nur empfehlen kann. Dispo hin oder her.

ES GIBT NUR
einen Menschen,
DER DIR WIRKLICH
IM WEG STEHT
ZUM GLÜCK.
UND DAS BIST *Du.*

42 OHNMACHT

»Manchmal bin ich ohnmächtig«, sagen manche Menschen und formulieren sich damit regelrecht in eine Sackgasse hinein. Denn »Ich bin« ist eine klare Affirmation, die sagt: Ohnmacht bitte beibehalten. Wie wäre es stattdessen mit: »Manchmal hatte ich das Gefühl, machtlos zu sein.« Merkst du den Unterschied? Für dein Gehirn ist »Ich bin« Gesetz, »Ich fühle« ein vorübergehender Zustand und Vergangenheit. Die ist eben vorbei. Daher: Wenn du irgendwo rauswillst, verändere zuerst deine Sprache, damit dein Ohr auch hören kann, was du vorhast. Und überhaupt, Ohnmacht stimmt ja nie. Du hast *immer* die Macht. Du darfst nur auch so klingen. Wenn du zum Beispiel mal keine Ahnung hast, was du sagen sollst, dann sag doch das! Also: »Da fehlen mir ja echt die Worte. Da fällt mir erst mal gar nichts ein.« Wenn du das einfach einmal kurz benennst, sitzt du sofort wieder im *driver's seat*. Denn es klingt selbstbewusst, natürlich auch für deine Ohren.

BEDENKE, DASS SICH ÜBERGRIFFIGE MENSCHEN NUR DEN *Raum* NEHMEN KÖNNEN, DEN DU IHNEN GIBST.

43 FASSUNGSLOSIGKEIT

Neulich sagte mir eine Frau, dass ihr ein Kollege öfter auf die Brüste starrt. »Wie soll ich da reagieren, Karin?« Tja, zunächst mal ist es ganz natürlich, dass uns in krassen Situationen oft nur Schwarz oder Weiß einfällt. Heißt in diesem Fall, eine Ohrfeige oder sprachlos sein. Und weil wir beides vermutlich nicht wollen, wissen wir nicht, was wir machen sollen. Mein Tipp ist: unbedingt sofort ansprechen. Am besten mit einer Frage; wer fragt, der führt. Klingt dann vielleicht so: »Sag mal, guckst du mir gerade auf den Busen?« Oder: »Es sieht so aus, als ob du mir auf die Brüste starrst. Starrst du auf meine Brüste?« Zwei wunderbare kleine Fragen, sachlich formuliert und erstaunt im Ton, stiften ganz sicher Verwirrung, denn damit rechnet ein Busenstarrer natürlich nicht. Und was sagst du bei einem unwahrscheinlichen »Ja, genau!«? Wie wäre es mit: »Kannst du mal schön sein lassen.« Oder: »Wie unprofessionell, hab dich mal im Griff!« Ich schätze doch, das reicht.

DU BIST IMMER NUR
EINE ENTSCHEIDUNG
VON EINEM VÖLLIG
neuen Leben ENTFERNT.

44 SICH VERLOREN FÜHLEN

»Was kann ich tun, um mich nicht mehr so verloren zu fühlen?«, wollte neulich eine Followerin wissen. Die gute Nachricht ist: Du bist gar nicht verloren. Du fühlst dich nur so. Und ja, ich weiß: Wer fühlt, hat recht. Was du also brauchst, ist ein neues Gefühl. Dass du dazugehörst, dass du richtig bist, dass du ändern kannst, was dich stört. Ich glaube, wer sich verloren fühlt, hat sich selbst ein bisschen verloren. Es geht also darum, sich wiederzufinden. Daher mein Tipp: Leg mal eine Brainstorming-Session ein: »Was fehlt mir gerade? Was will ich erleben?« Und dann vergib Nummern. Was willst du als Erstes umsetzen von deiner Liste? Und egal, ob das Bogenschießen, eine Tantra-Massage oder eine Gesangstunde ist, du machst es dann einfach. Beschaffe dir das Gefühl, von dem du glaubst, dass es dir fehlt. Freiheit, Mut, Sinnlichkeit, was auch immer. Hol es dir. Hol es dir oft. Und du wirst sehen, wie sich plötzlich alles in dir ändert.

ERLAUBE DIR NIE,
AUS EINER
kleinen ENTSCHEIDUNG
EINE *große* SACHE
ZU MACHEN.

45 UNENTSCHLOSSENHEIT

Viele sind vom Leben überfordert. Sooo viele Möglichkeiten … Fängt schon beim Bäcker an: »*Weizen, Dinkelbrötchen oder völlig glutenfrei? Mit Butter, Margarine oder veganer Mayonnaise unterm Käse?*« Und von den acht Käsesorten wollen wir erst gar nicht anfangen. Natürlich greift auch hier ein spielerisches »Dann nehme ich mal das hier«, kürzt einfach so herrlich ab. Oder du machst dir einfach klar, dass es weder richtige noch falsche Entscheidungen gibt. Wenn du als Konsequenz daraus »Entscheidung« mit »Erfahrung« ersetzt, wirkt vieles plötzlich leichter. Das Leben wird nun mal vorwärts gelebt und rückwärts verstanden – wie sollst du da vorher immer Bescheid wissen? Ist also gar nicht so wild, wenn du mal nicht weißt, was du willst. Entscheide in dem Fall einfach irgendetwas, und dann – ganz wichtig – bleib dabei. Halte deine Entscheidung aus, und trage die Konsequenzen. Du übst dadurch quasi dein Leben, während du es lebst. Mit der Zeit wirst du dann immer klarer und entschlossener, mitten in der größten Unentschlossenheit.

MANCHE
DEMONSTRIEREN
IHRE KRAFT,
DAMIT NIEMAND SEHEN
KANN, WIE *zerbrechlich*
SIE SIND.

46 NERVIGE MENSCHEN

»Sag mal, kannst du dich eigentlich auch mal so *richtig* schön aufregen?«, werde ich öfter mal gefragt. Hm … Aufregung ist nicht so mein Ding. Aber genervt sein? Oh, das kenne ich! Bestes Beispiel: Nasehochziehen. Mich nerven auch Menschen, die ganz laut »Ich, ich, ich!« schreien, während sie gleichzeitig durchschaubar erkennen lassen, was eigentlich dahintersteckt. Kennst du das, wenn jemand eine große Welle macht und du auf der Metaebene die Bedürftigkeit dahinter spürst? Davon genervt zu sein, ist zwar menschlich, verbessert aber natürlich nicht die Situation. Daher reagiere ich auch öfter so, dass ich statt einer Ladung Stresshormone lieber eine Portion Mitgefühl rüberschicke. »Gute Besserung« zum Beispiel, ist eine schöne Kurzformel dafür – vorausgesetzt, du meinst es ehrlich. Dann bringt es wirklich etwas. Den anderen und auch dir selbst.

DER *Zauber des Herzens*

IST, DASS ALLE

NEGATIVEN GEFÜHLE

IRGENDWANN

VORÜBERGEHEN

UND NUR DIE *schönen*

BLEIBEN.

47 AN VORSTELLUNGEN FESTHALTEN

Loslassen ist für viele ein Thema. Für mich war es jahrzehntelang unvorstellbar, dass ich das mal lernen würde. Und jetzt? Alles Schnee von gestern. Denn wenn wir etwas hinkriegen und dann noch zweimal, ist es plötzlich Standard und wird vom Gehirn nicht mehr hinterfragt. Deshalb ist mir Umsetzung eben auch so wichtig. Nicht lange grübeln, wie schwer es wohl sein kann, sondern einfach machen. Vorstellungen bringen uns ja generell nicht weiter. Ist wie beim Segeln. Da stemmst du auch nicht die Hände in die Hüften und schreist: »Ich hatte mir den Wind echt anders vorgestellt!« Du nimmst den Wind, der da ist, und blickst nach vorn. Womit wir bei diesem schönen Dreiklang wären: Wenn etwas passiert, das uns egal ist, nennen wir es Situation. Wenn etwas geschieht, das uns nicht gefällt, nennen wir es Pech. Wenn etwas geschieht, das uns gefällt, nennen wir es Glück.

WENN AUSSEN MANGEL
HERRSCHT,
SETZE INNEREN
Reichtum DAGEGEN.
HILFT IMMER.
MAGISCHES GESETZ.

48 NARZISSTEN

Ist dir mal aufgefallen, dass Psycho-Vokabular in Mode gekommen ist? Früher wusste kein Mensch, was bipolar bedeutet. Jetzt sagen schon Teenager »Du Borderliner!«, »Schizo, oder was?« und »Ich muss mal chillen, bin kurz vorm Burn-out«. »Du Narzisst!« liegt auch plötzlich im Trend. Aber ob das alles so stimmt? Echte Narzissten sind höchst selbstverliebt, empfinden sich deutlich wertvoller als die anderen, und es fehlt ihnen naturgemäß jede Form der Einsicht und Selbstreflexion. Daher bewirkt ein über den Tisch geknalltes »Narzisst!« bei echten Narzissten natürlich rein gar nichts. Auch Argumente nicht, denn Narzissten sind äußerst kreativ darin, jeden noch so negativen Kommentar zu einem Booster umzudeuten, der ihr Selbstbild stärkt. Zieh deine Energie lieber komplett von diesen Menschen ab. Schweige. Staune. Ignoriere. Hat für mich bisher am besten funktioniert.

ÜBERLASS NIE
DEINEM KOPF
DAS LETZTE WORT IN
Herzensangelegenheiten.

49 LIEBESKUMMER

Liebeskummer ist ein merkwürdiger Zustand, denn das Drama wirkt so echt. Aber ist es das auch? Was wir vermissen, ist vielleicht gar nicht dieser spezielle Mensch, sondern das Gefühl, das dieser Mensch in uns ausgelöst hat. Schon mal darüber nachgedacht? Wenn sich in meinem Leben einmal Liebeskummer breitmachen wollte, habe ich deshalb immer erst mal reingefühlt, und meistens kam dabei heraus: Es stimmt gar nicht, dass der Richtige weg ist. Denn der Richtige wäre ja sicher noch da. Wir dürfen also mal genau hinschauen: Wen vermissen wir wirklich? Den anderen? Uns selbst, wie wir sind, wenn wir lieben? Oder geht es weder um den anderen noch um uns selbst? Dann vermissen wir vielleicht einfach nur die Liebe selbst. Wie es ja überhaupt Menschen gibt, die eigentlich nicht den anderen lieben, sondern das Gefühl, das die Liebe mit sich bringt. *Life is a funny old game.*

DU BRAUCHST

KEINEN MUT,

UM AUFZUBRECHEN.

Geh einfach los.

OHNE MUT.

PASST SCHON.

50 DAS IST ABER SCHWER!

Gefühlte drei Milliarden Mal habe ich diesen Satz gehört, und nie hat er gestimmt. Was wir eigentlich damit meinen, ist: »Das stelle ich mir schwer vor!« Okay, da gehe ich mit. In Wahrheit ist aber das, was wir uns schon einmal vorsichtshalber als »schwer« vorstellen, ohne es auch nur ausprobiert zu haben, einfach nur ungewohnt, also neu. Wenn wir die Autofähre nach England nehmen, dort dann von Deck rollen und linksrum in den Kreisverkehr rasseln, denken wir auch: »Boah, ist das schwer!« Und der Engländer hinter uns denkt natürlich: *»Oh come on, can't be that difficult!«* Was ich damit sagen will: Etwas wirkt schwer, na und? Dann wende es ein paarmal an, und es wird leichter. War beim Laufenlernen ja genauso. Auch hilfreich: öfter mal eine Ansage nach innen machen. Etwa »Stopp! Ruhe. Jetzt übernehme ich!«. So ein kleines Selbstgespräch kann einen verblüffend positiven Effekt haben.

WIE WÄRE ES, ALLES
LOSZULASSEN,
WAS NICHT *Spaß*,
Wachstum
ODER *Nutzen* BRINGT?

51 GRENZEN SETZEN

Viele versuchen ja, uns mit in ihr eigenes Drama zu ziehen. Kennst du das? Das sind dann die Momente, in denen statt Entwicklung Verwicklung stattfindet, gar nicht gut. Grenz dich lieber ab. »Und wie grenze ich mich ab?«, fragt mich neulich eine Klientin. Na ja, wenn eine Sache wirklich nichts mit dir zu tun hat, und das spürst du mit ehrlichem Blick nach innen sofort, schick sie einfach postwendend zurück. Denn du weißt ja, wie es ist: Die heißen Kartoffeln deiner Mitmenschen aufzufangen, verursacht nur Brandblasen. Bei dir. Sei daher lieber auf der Hut, und grenze dich entspannt ab. Vielleicht so: »Ich fühle mich hier gar nicht zuständig«, oder: »Das sagt, glaube ich, mehr über dich als über mich«, oder: »Ich glaube, das ist dein Thema.« Alles ganz wunderbare Sätze, um Aufregung genau da zu lassen, wo sie meistens auch hingehört: beim anderen.

WENN DEIN LEBEN
MITGEDREHT WORDEN
WÄRE, JEDE EINZELNE
MINUTE DAVON,
WIE GERNE WÜRDEST
DU DIESEN *Film*
WOHL SEHEN?

52 ZEITREISE

Kennst du diese Zeitreisen-Fragen, so was wie: »Was würdest du an deinem 80. Geburtstag über dein Leben denken?« Mir gefällt es besser andersrum, meine Frage an dich ist: Was würde dein 18-jähriges Ich zu deinem Leben von heute sagen? Wärst du überrascht, enttäuscht, überwältigt, gelangweilt? Was würdest du von dir halten? Hättest du dir dieses Leben zugetraut? Würdest du dich schämen, wärst du stolz? Würdest du in die Luft springen vor Glück? Was würdest du über deinen Partner denken, über deine Kinder, über keine, über deine Freunde, deinen Hund, deine Wohnung, deinen Job? Wenn du es mal so herum betrachtest, kommst du vermutlich sofort in ein eindeutiges Gefühl. Entweder du lässt dann die Korken knallen, oder du änderst sofort etwas, weil du vor dir selbst gern besser dastehen möchtest. Also: Was hättest du als Teenager von deinem Leben heute gedacht?

WER VIEL WEISS,
DER REDET VIEL.
WER *weise* IST,
DER FRAGT.

53 SMALL TALK IST LÄSTIG

Ein Essen, eine Fahrstuhlfahrt, eine Party unter Fremden: Reicht alles aus, damit wir uns so richtig schön Druck machen. »Los, sag was!«, raunt uns eine Stimme von innen zu, wenn die Stille peinlich werden will. »Mir fällt nichts ein!«, hallt es dann hilflos bis trotzig zurück. Das Gute ist: Der Stress, den viele mit Small Talk haben, ist ganz leicht zu lösen. Was du sagen sollst? Na gar nichts! Beim Small Talk geht es um die Kunst, Fragen zu stellen – *that's it*. Und dazu brauchst du nur die erste: Auf der Party von Ulli zum Beispiel: »Und? Woher kennst du Ulli?« Deine nächste Frage setzt du dann einfach auf die Antwort, die zurückkommt, obendrauf, und die wilde Fahrt beginnt. Die meisten Menschen reden zum Glück gerne über sich. Du musst selbst also gar nichts liefern. Der Begriff Small Talk ist einfach verwirrend. Müsste eigentlich Small Ask heißen. Denn Fragenstellen reicht hier völlig aus.

Intuition IST DIE SPRACHE DER SEELE. VIELE HABEN VERLERNT, SIE ZU SPÜREN. ANDERE HABEN NIE GELERNT, IHR ZU VERTRAUEN.

54 UNSER LEBEN ZU DRITT

Jeder von uns ist zu dritt unterwegs: Körper – den siehst du, kannst du spüren. Geist – da wird's schon schwieriger. Und dann ist da die Seele. Wo genau eigentlich? Und wiegt sie wirklich 21 Gramm? Ganz oft können wir das Flüstern unserer Seele nicht hören, weil die Welt so laut ist. Und wenn es draußen endlich leise wird, hören wir eher unsere Gedanken plappern, nicht die Seele rufen. Die erreicht uns auf anderen Kanälen: über Intuition, Träume und, wenn wir beides nicht ernst nehmen, auch gern mal über Krankheiten. Nach dem Motto »Sagt die Seele zum Körper: ›Geh du vor, auf mich hört sie nicht!‹« Tja, und so kommt es dann, dass wir plötzlich eine satte Kehlkopfentzündung haben, obwohl unser eigentliches Thema vielleicht »Ich komme einfach nicht zu Wort« heißt oder »Niemand hört mich«. Mein Tipp: Bleib lieber gesund, und nimm deine Intuition rechtzeitig ernst. Spart eine Menge Zeit und schenkt dir Lebenskraft.

WENN DU SCHON
ZURÜCKBLICKST,
DANN AM BESTEN,
UM ZU SEHEN,
wie weit DU SCHON
GEKOMMEN BIST.

55 SAME, SAME, BUT DIFFERENT

Viele Buchfans wundern sich, warum sie beim zweiten Durchlauf plötzlich schwören könnten, dass dieser eine Satz beim ersten Mal auf keinen Fall schon dagestanden haben kann. Geht mir übrigens genauso. Meine liebsten Bücher lese und höre ich alle öfter. Schon allein, weil ich beim zweiten Mal längst eine andere bin. Klassisches Elevator-Phänomen. Wir entwickeln uns ja ständig weiter. Und die Karin, die die erste Seite aufgeschlagen hat, ist am Ende des Buches schon gar nicht mehr da. Dann sind wir längst eine entwickelte Version unserer selbst. Haben Milliarden neuer Zellen im Körper und eben auch neue Gedanken. Sind weiter, reifer, klarer. Also ganz logisch, dass wir alte Inhalte mit einem neuen Bewusstsein anders verstehen. Ist wie bei einer Fahrt in diesen Glasaufzügen. Je höher du steigst, desto mehr Panorama wird sichtbar.

Echte Freunde SAGEN

DIR NICHT,

WAS DU HÖREN WILLST,

SONDERN WAS DU

HÖREN SOLLST.

56 UNGEFRAGTE HILFE

Gehörst du auch zu diesen Menschen mit ausgeprägtem Hang zum Retter-Syndrom? Dann ist mein Tipp: Halte dich mit gut gemeinten Aktionen lieber zurück, denn wenn deine Freunde immer wieder erleben, dass du dich für ihr Glück verantwortlich fühlst, entwickeln sie natürlicherweise wenig Interesse, selbst etwas fürs eigene Glück zu tun. Vielleicht fragst du dich lieber: Unterstütze ich andere durch meinen Beitrag eigentlich in ihrer *Stärke* oder in ihrer *Schwäche*? Wenn du zum Beispiel jemandem, der notorisch pleite ist, immer wieder Geld leihst, kann er kaum den Drang verspüren, es mal aus sich heraus schaffen zu wollen. So jemandem würdest du mit deinem Einsatz schaden, obwohl du ihm helfen willst. Kommt man nicht gleich drauf. Behalte lieber dein Geld für dich, und sieh den anderen in seiner Kraft. Darfst du natürlich aushalten. Lohnt sich aber in jedem Fall, übrigens für beide.

WENN DEIN ZIEL KLAR
IST UND DEIN
EINSATZ GROSS,
IST *Erfolg* EIN
NATÜRLICHER
NEBENEFFEKT.

57 NEIN IST VERHANDLUNGSSACHE

Im Publizistik-Studium herrschte die klare Meinung: Beim Radio brauchst du dich erst gar nicht zu bewerben. Das läuft nur über Beziehungen. Gänzlich unbeeindruckt bin ich mit Anfang 20 trotzdem einfach so in den Sender marschiert, den Personalchef wollte ich sprechen. »Nee, ohne Termin wird det nüscht!«, sagt der schlecht gelaunte Pförtner. Also habe ich mir die Nummer von Herrn Gorjup geben lassen, so hieß er, bin in die Telefonzelle direkt vor dem Funkhaus und habe ihn angerufen. Meinte Herr Gorjup: »Wann können Sie sich denn vorstellen?« Sage ich: »Jetzt. Ich stehe draußen in der Zelle.« Da hat er gelacht, ich ging wieder rein und sagte fröhlich: »Karin Kuschik. Guten Tag. Ich habe einen Termin mit Herrn Gorjup.« Tja, und der Rest ist Geschichte. Ein paar Jahre später habe ich jeden Morgen Berlin und Brandenburg geweckt, als Moderatorin von 94,3 rs2. Und die Moral? Geht nicht geht eigentlich doch. Einfach dranbleiben. Nein ist pure Verhandlungsmasse.

ES IST EGAL, WIE DIE *Umstände* GERADE SIND. WICHTIGER IST, WIE DU ZU DEN UMSTÄNDEN BIST.

58 PRÜFUNGEN

Erlebnisse als Alltagstest zu sehen, als kostenlosen Workshop mit dir selbst, macht vieles leichter, finde ich. Wir wissen ja selten sofort, wozu denn das nun bitte wieder gut gewesen sein soll. Wenn du daher das nächste Mal Stress hast, mach dir einfach klar, was wirklich passiert: Du *hast* keinen Stress. Du hast eine Situation, die dir nicht gefällt, und das *macht* dir Stress. Wenn du es so sehen kannst, hat das den großen Vorteil, dass du aus dem Stand damit beginnen kannst, deine Bewertungen einer Situation gegenüber zu ändern. Dadurch änderst du dann deine Stimmung und damit deine ganze Welt. Gelingt mir auch nicht immer. Aber wenn es mir gelingt, kommt dieses wunderbar befreiende Gefühl von Weite auf. Leichtigkeit ist eben, wie so vieles, eine Frage der Entscheidung.

WENN DU EIN
BISSCHEN MEHR
Abstand ZU DIR HÄLTST,
KANNST DU DIR SELBST
VIEL NÄHER SEIN.

59 SICH SELBST BLÖD FINDEN

Ich finde ja, das schlimmste Gefühl von allen ist, sich selbst nicht leiden zu können. Kennst du das? Wenn du auf einmal genervt bist, ungeduldig, intolerant, bewertend? Grauenvoll, wir können ja nicht weg! Vierundzwanzig Stunden sind wir täglich mit uns unterwegs, ein Leben lang. Es lohnt sich also, eine gute Beziehung mit uns selbst zu haben. Die beste, wenn es geht. Denn wenn wir mit uns im Reinen sind, ist alles so viel leichter. Anstrengend wird es meistens, wenn sich das schlechte Gewissen meldet. Wenn wir uns rechtfertigen, wenn wir Ja sagen, obwohl wir Nein meinen, lächeln, obwohl wir sauer sind, all diese Merkwürdigkeiten. Sei daher lieber gut zu dir. Räum auf. Kläre deine Themen immer erst mal im Selbstgespräch. Macht Sinn, denn die längste Beziehung deines Lebens hast du nun mal mit dir selbst.

JEDER TAG IST EINE
LEERE SEITE
IN DEINEM BUCH
NAMENS LEBEN.
WELCHE *Story* WILLST
DU HEUTE SCHREIBEN?

60 MR & MRS RIGHT

Es gibt viele Workshops, in denen Affirmationen eine große Rolle spielen. Also, wie wir positive Botschaften über die Zukunft im Jetzt formulieren. Ist ein kraftvoller Magnet.

Wenn es aber darum geht, andere Menschen anzuziehen, halte ich das für einen riesengroßen Umweg. Denn meinen Traum*mann*, zum Beispiel, ziehe ich ja erst an, wenn ich selbst auch meine Traum*frau* bin. Wenn *ich* mich gut leiden kann, wenn ich offen bin für Mister Right, dann kann er überhaupt erst kommen. Habe ich mal einer Klientin gesagt, die eine dezidierte Wishlist schreiben wollte, wie Mister Right denn sein soll. Ich habe sie eine andere Liste schreiben lassen: Wie will *ich* sein, damit er mich überhaupt sieht? Was soll ich sagen, es hat nur zwei Wochen gedauert, dann war er da. Die beiden sind jetzt seit 17 Jahren glücklich verheiratet. Die Tür zum Glück geht eben immer nach *innen* auf.

DAS BESTE TOOL,
DAS ICH KENNE,
IST DIE EINSICHT,
DASS DU KEIN TOOL
BRAUCHST.
ALLES EINE FRAGE
DER *Haltung.*

61 UNGEDULD

Immer wieder mal geht die Ungeduld mit uns durch, und wir wollen Erfolge sehen. Jetzt. *Sofort!* Nach dem Motto »Hallo? Ich meditiere jetzt schon seit drei Monaten. Wann kommt denn der Erfolg? Hat sich gar nichts verändert!«. Na ja, vielleicht hast du dein Niveau dadurch erst mal gehalten? Du rennst ja auch nicht jeden Abend überwältigt vor Glück aus dem Bad und schreist: »Boah! Wieder Zähne geputzt! Hammer, wie die jetzt aussehen.« Wir putzen Zähne, damit sie so bleiben. Wenn du also etwas Neues startest und nicht sofort etwas Neues erlebst, bleib trotzdem dran. Übe dich, und mach dir klar, wenn du eine neue Verhaltensweise etablierst, weißt du natürlich nie, wo du wärst, wenn du das alles nicht getan hättest. Einfach dranbleiben, dich freuen, dass du etwas für dich tust, und immer mal ans Zähneputzen denken.

WIR WURDEN ALLE

ALS *Original* GEBOREN.

VIELE LEBEN

MITTLERWEILE

ALS KOPIE.

WER WILLST DU SEIN,

WENN DU STIRBST?

62 NOTLÜGEN

Hast du mal versucht, einen ganzen Tag lang nur die Wahrheit zu sagen? Vielleicht denkst du jetzt: Hä? Wieso, ich sag immer die Wahrheit! Und was ist mit all den komischen Notlügen wie »Ich stand im Stau« statt »Ich bin zu spät losgefahren«? Oder »Toller Vortrag!«, obwohl er eigentlich langweilig war, oder du lobst ein Essen, das dir mittelmäßig geschmeckt hat? Notlügen drängeln sich oft ungefragt dazwischen! Wir wollen sagen, wie es ist, aber PENG! Schon erzählen wir etwas, das unverfänglicher klingt und daher vermeintlich das Leben leichter macht. Denk nur mal an »Haste Kleingeld?«. Die meisten schütteln den Kopf, wenn das einer fragt, und gehen schnell weiter. Wer soll das jetzt bitte glauben? »Ich möchte gerade nicht«, find ich viel wertvoller, weil eben wahr. In diesen kleinen Momenten können wir Integrität immer ganz wunderbar üben. Lohnt sich, finde ich.

ZWEIFEL ZIEHEN IMMER
ZWEIFEL AN.
SORGEN IMMER
SORGEN.
UND *Liebe* IMMER LIEBE.

63 ERWARTUNGEN

Neulich hat mich eine Frau gefragt, wie ich es schaffe, Enttäuschungen zu vermeiden, weil sie selbst nämlich Angst vor Enttäuschungen habe. Ich war ganz erstaunt, darüber hatte ich nie nachgedacht. Das wäre für mich, wie im Restaurant zu überlegen, wie ich eine Lebensmittelvergiftung vermeiden kann, oder beim Skifahren, wie ich ein Gipsbein verhindere. Ich könnte jetzt natürlich Tschakka-Coach-mäßig sagen: »Halte den Blick immer auf dein Ziel gerichtet!«, aber das bin ich nicht. Meine Antwort ist viel simpler: Solche Gedanken bitte einfach ignorieren. Ernsthaft. Oder besser formuliert: Bitte noch nicht einmal ignorieren. Beschäftige dich nicht mit solchen Fragen, stell sie dir nicht. Stell sie niemandem. Es bringt nichts, außer dass die Zeit vergeht. Du weißt doch, wie es ist: Was wir nähren, wächst nun mal. Ziehen wir die Energie daher lieber von Enttäuschungsszenarien komplett ab.

ALLES, WAS DU
VERLIERST,
WEIL DU *ehrlich* WARST,
HAST DU NIE BESESSEN.

64 SOUVERÄN DAS THEMA WECHSELN

Wie kann ich souverän ein nerviges Gesprächsthema wechseln?, hat neulich jemand gefragt. So etwas geht nur, wenn du Haltung zeigst. Es gehört also ein bisschen Mut dazu. Im *50-Sätze*-Buch rate ich zu »Ich merke gerade, dass mich das Thema nicht wirklich interessiert«. Dazu schrieb mir eine aufgeregte Frau: »Das kann ich meiner besten Freundin doch nicht sagen!« Darauf ich: »Du willst sie also lieber anlügen?« Ich finde, gerade die beste Freundin hat hoffentlich die Wahrheit verdient. So etwas wie: »Ich weiß, dass dir das Thema wichtig ist, aber mich interessiert es so gar nicht, deshalb dachte ich, ich sag's dir lieber, anstatt dir etwas vorzuspielen.« Müsste drin sein in einer Freundschaft, oder? Vielleicht hast du Angst vor einem »Wie ist *die* denn drauf?«. Verstehe ich. Andererseits, wenn du nichts sagst, denkst du ja: »Wie bin *ich* denn drauf?« Irgendwem darfst du also gerecht werden. Im Zweifel dir selbst.

DIE QUALITÄT DEINES
LEBENS
STEHT IMMER IM
VERHÄLTNIS
ZU DER FÄHIGKEIT,
Freude ZU EMPFINDEN.

65 ZU SCHÖN, UM WAHR ZU SEIN

Es gibt diese Momente im Leben, da gelingt einem alles. Keine Panik. Das geht vorbei. Ich sage das, weil tatsächlich viele panisch werden, wenn sie einen richtig guten Lauf haben, wenn plötzlich alles passt. Dann fragen wir schnell: »Wo ist der Haken?« Kannst du dich bitte mal freuen? Denn es ist genau diese *Zu schön, um wahr zu sein*-Einstellung, mit der wir wieder ins Tal abrutschen, wenn wir gerade so schön hochgeklettert sind. Daher bitte nicht nach einem Haken suchen. Wenn sich etwas so richtig, richtig leicht anfühlt, ist das vermutlich einfach nur ein Hinweis darauf, dass gerade alles im Einklang ist. Freu dich über den Gipfelsturm! Runter kommst du von allein, das Leben ist nun mal eine Achterbahn, wir können nicht nur oben sein. Aber wir können lernen, wie wir entspannt mit unseren Talfahrten umgehen. Und wir können lernen, uns oben bedingungslos zu freuen.

DIE BESTE ZEIT IST
IMMER *jetzt.*
ALLEIN SCHON
WEIL ES DIE
EINZIGE IST.

66 GLÜCK KONSERVIEREN

Kennst du dieses merkwürdige Phänomen, dass du dir etwas ganz lange wünschst? Vielleicht ist es extrem teuer, und du sparst monatelang darauf hin, oder du bekommst es urplötzlich geschenkt? Wie groß dieses Gefühl dann ist, die Freude, das Glück. Und dann – relativ schnell – haben sich viele von uns einfach daran gewöhnt. Das Glück von gestern wurde zum Standard von heute: Dann habe ich eben die Vespa, den neuen Computer, den wunderschönen Mantel. Und schon in *dem* Moment beginnen wir, uns nach der nächsten großen Verheißung zu sehnen. Und dann gibt es diese wenigen Menschen, die sich auch nach 20 Jahren noch über dieselbe Sache freuen können – wie ein Kind. Sie konservieren Glück. Was machen diese Menschen anders? Gehörst du auch dazu? Eine hohe Kunst ist das, die anscheinend wenige beherrschen. Wie konservierst du Glück?

DIE ENTSCHEIDUNG
WIRD LEICHTER,
WENN DU »SOLL ICH
DAS MACHEN?«
DURCH
»*Tut mir das gut?*«
ERSETZT.

67 ÜBERGRIFFIGE MENSCHEN

Österreich. Detox-Kur mit täglich Erdäpfeln mit Topfen und Schwimmen im Heilwasser. Ich stehe in einem komplett leeren Swimmingpool vor einer Düse, die mir Wasser in den Rücken schießt. Dann kommt eine Frau und setzt sich exakt so auf den Beckenrand, dass ich sie locker hätte huckepack nehmen können. Links und rechts sehe ich ihre Füße. »Sag mal, geht's noch?«, wäre früher mein Impuls gewesen, und dann hätte ich nicht gewusst, was ich sagen soll. Denn prompte Abgrenzung wirkt eben so hart. Diesmal bin ich einfach weggeschwommen, habe noch nicht mal fröhlich »Gute Besserung« gewünscht. In so einem heftigen Fall von Unachtsamkeit, wenn andere so gar nicht mitbekommen, was um sie herum passiert und wann sie uns zu nahekommen, bringt das, glaube ich, nichts. Stattdessen habe ich mir innerlich gesagt: Danke. Danke, dass ich mir selbst bewusst bin. Dankbarkeit – auch damit können wir gut bei uns bleiben.

WIR SIND EHRLICH ZU UNS SELBST, WENN *Gedanken, Worte und Taten* DIESELBE SPRACHE SPRECHEN.

68 EHRLICHKEIT

»Kalin hat mehr dick. Du wie viel Kilo zugenomm? Siebe?«, fragt mich fröhlich meine kleine Thai-Masseurin, und ich kann ihre Freude nicht ganz teilen. Jaaa, während der Lockdowns hatte auch ich zugenommen. Aber doch nicht sieben Kilo! Das Tolle ist, ich kann ihr nicht böse sein. Es ist keine Bewertung, nur Wahrnehmung pur. So wie Kinder, die schon mal rausposaunen: »Boah, du hast aber einen großen Po!« Ganz ehrlich: Mich beruhigen solche Sätze. Sind nämlich alles gute Spiegel, die uns zeigen, Stress machen wir uns fast immer selbst. Wenn wir etwas als Beleidigung empfinden, dann doch meistens, weil wir finden: »Da ist dummerweise etwas dran.« Nur wenn jemand unseren Triggerpunkt trifft, kann es überhaupt wehtun. Daher sagen Äußerungen, die uns verletzen, oft mehr darüber aus, was wir selbst von uns halten. Was uns stört, ist oft nicht eine Aussage, sondern dass wir finden: Sie stimmt. Mein Tipp ist daher: Lieber nicht gleich aufregen. Wundern, staunen. Lachen. Das reicht.

ANGST IST NUR
EINE *Brücke*:
WAS UNS WIRKLICH
GUTTUT, LIEGT AUF DER
ANDEREN SEITE.

69 DIE SACHE MIT DER ANGST

Neulich war ich in einer Kältekammer bei minus 110 Grad. Soll gut sein für die Gelenke und fürs Immunsystem. Aha, dachte ich mir, machst du mal. Halleluja! Ich hatte völlig vergessen, wie sich Angst anfühlt. Aber wie ich so im Bikini mit Turnschuhen und einer Wollmütze die Tür zur Eiskammer aufstemme, bekomme ich blanke Panik, als mir eiskalter weißer Nebel entgegenknallt. Das Ding ist außerdem kleiner als eine Telefonzelle. Kurz bevor meine Nase einfrieren wollte, bin ich rausgestürmt. Minus 110 Grad? Ja, spinne ich denn? Doch dann kam die Empörung. Moment mal, ich bin doch selbstbestimmt! Also habe ich die Angst ignoriert, ist ohnehin nur eine Erfindung meines Gehirns, und habe den Fokus auf »Ich kann das! Ich kann das! Ich kann das!« gelegt. Und genauso war's. Ein tolles Gefühl, beim Rauskommen am eigenen Leib zu spüren: alles reine Kopfsache.

GUTE NEUIGKEITEN.
DU BIST DAS PROBLEM.
UND DU BIST DIE
Lösung.

70 VERTRAUENSFRAGE

»Ich komme schnell ins Zweifeln, wenn sich im Außen nichts tut. Mein Vertrauen ins Leben wird dann schnell klein«, hat neulich ein Mann geschrieben. Wie damit umgehen? *Good news first*: Du musst gar nicht ins Leben vertrauen. Es reicht, wenn du *dir* vertraust. Elon Musk hat auch nicht nach der ersten Probefahrt geschrien: »Bingo, läuft!« Oder all die Oscar-Gewinner, die von endlosen Absagen bei Mini-Werbe-Castings erzählen. Unser Vertrauen in uns selbst dürfen wir, glaube ich, komplett trennen vom Ergebnis im Außen. Es klappt nicht, was du dir vorgenommen hast? Dann finde einen neuen Weg, gewinne einen Mentor, halte durch oder lass los. Kalkuliere Rückschläge besser ein, sie gehören einfach dazu. Durfte ich auch erst lernen. Außerdem kommt nicht immer alles sofort zurück. Manchmal findet das Leben auch witzige Umwege, und dann ist Jahre später unerwartet Pay Day.

WENN DU EINEN ANGRIFF ALS HILFLOSIGKEIT UMDEUTEN KANNST, LEBST DU SICHER *leichter.*

71 BESSERWISSER

Ein Freund von mir hat mal auf »Du Besserwisser!« geantwortet: »Stimmt. Ich weiß tatsächlich fast alles besser.« Das Tolle ist, es stimmt! Aber was tun mit all den merkwürdigen Menschen, die uns einfach nur ungefragt belehren wollen, zurechtweisen, sich festbeißen an uns? Ich finde, oft reichen kurze Kommentare. So etwas wie »Was Sie so alles wissen!« oder »Wow. Das Thema ist Ihnen wirklich wichtig, was? Mir nicht so«. Oder auch schlicht »Da haben Sie recht«, denn vielleicht fehlt auch einfach nur das. Einmal habe ich nach einer sehr unschönen Wortsalve im Workshop gesagt: »Ich finde, Sie haben jetzt alles gesagt, wir haben es auch alle gehört, dann sind wir jetzt ja durch. Wollen wir weitermachen?« Kommt immer auf die Situation an und ob es um Fremde, Freunde oder Kollegen geht. So oder so, am besten auf keinen Fall persönlich nehmen. Denn Besserwisserei sagt mehr über den Sender aus als über die Empfängerin.

DAS LEBEN WIRD *leichter,* WENN DU »WAS WILL ICH HABEN?« DURCH »WAS WILL ICH *erleben?*« ERSETZT.

72 EINFACH MACHEN

Wir betreten die Welt mit einem Einatmer und verlassen sie mit einem Ausatmer. Alles dazwischen ist freiwillig. Fühlt sich aber oft gar nicht so sehr nach Freiheit an, oder? Die To-do-Liste drückt, der Urlaub zieht, die Tage sind zu kurz, die Arbeit geht zu lang, und dann lesen wir so etwas wie: »Staune. Liebe. Lache und tanze im Regen, als ob keiner zuguckt.« Tja, klingt immer so toll! Aber hast du direkt danach jemals wirklich im Regen getanzt? Ich habe mir angewöhnt, öfter mal sofort in die Umsetzung zu gehen, wenn ich denke: »Das wäre ja was!« Und so kam dann einiges zusammen: Mundharmonika spielen auf Mallorca, Wrack-Tauchen in Ägypten, Straßenmusik im Schnee, Impro-Theater im Wald. *You name it*. Ich finde es naheliegend, abwegige Dinge gleich zu tun. Hält so schön lebendig, öfter mal bei null anzufangen und zu sagen: Ich bin so frei! Und du? Was machst du, um deine Freiheit zu spüren?

WENN WIR MUSKELN
NICHT *trainieren*,
VERKÜMMERN SIE
IRGENDWANN.
IST MIT DEM GEHIRN
GENAUSO.

73 WERTE

Neulich stehe ich in unserem frisch bezogenen Büro in der Küche und frage in die Runde: »Geht die Kaffeemaschine schon?« David zeigt auf die Pads und sagt: »Die hier sind mit Koffein und die ohne.« – »Ist ja toll«, sage ich, »ich trink immer ohne.« Schon wirft er eine Kapsel ein und drückt auf Start. Ich, völlig erstaunt: »Ich wollte keinen Kaffee. Ich wollte wissen, ob die Maschine schon geht.« Das Leben ist ein *never ending* Kommunikations-Workshop, oder? Ich stelle eine Verständnisfrage, und David hört den Auftrag. Denkt mein Kopf: Pardon? Hätte ich einen Kaffee gewollt, hätte ich sicher »Kannst du mir bitte einen machen?« gefragt oder »Kannst du mir zeigen, wie die Maschine funktioniert?«. Genau das meine ich, wenn ich sage, das Leben *ist* einfach. Wir machen es uns oft nur kompliziert. Und so heißt nun einer der Leitsätze in unserer Firma: »Wir interpretieren nicht, wir fragen lieber nach.«

JE TIEFER DU
VERWURZELT BIST,
DESTO HÖHER KANNST
DU DEN KOPF IN DIE
Wolken STRECKEN.

74 WER BIST DU?

Was glaubst du eigentlich, wer du bist? Also mal philosophisch betrachtet. Viele glauben ja, sie sind ein Mensch. Heißt: Wir leben. Irgendwann gibt der Körper auf, dann sind wir tot und damit ausgelöscht. Dann gibt es Menschen, die glauben, wir leben, um zu lernen. Sie sehen sich als Mensch, der in diesem Körper eine spirituelle Erfahrung macht. Wenn das auf dich zutrifft, siehst du dir das, was du erlebst, vermutlich genauer an. Du willst innerlich weiterkommen und als Persönlichkeit wachsen. Und dann gibt es Menschen, die sehen sich als spirituelles Wesen, das eine menschliche Erfahrung macht. Wenn du das glaubst, betrachtest du alles aus einer höheren Warte, nimmst dich als Mensch nicht mehr so wichtig, weil du davon ausgehst, dass deine Seele schon viele Leben erfahren hat. Daher noch mal nachgefragt: Was glaubst du eigentlich, wer du bist?

BESTE FORMEL

FÜR *Erfolg?*

MEHR ICH UND

WENIGER EGO.

75 MEHR ME TIME

Unsere To-do-Listen sind endlos lang. Aber ein Punkt fehlt doch öfter mal. Oder schreibst du jeden Tag ICH auf deine Liste? Sollten wir vielleicht mal einführen, so eine Ich-Box. Einfach ICH in den Kalender eintragen, und dann machen wir täglich etwas Schönes in dieser Zeit: Gitarre spielen, baden, Thai-Massagen, malen, singen? Ich finde sowieso, wir singen alle zu wenig. Neulich habe ich meine Ich-Box witzig gefüllt: Ich habe »Bollywood Dancing« bei YouTube eingegeben, *and there was some rrrandom girl frrrom Jaipur India, who tooohld me how to do it*. Das war vielleicht ein Spaß, richtig toll! Ohne ICH auf meiner Liste hätte ich das nie erlebt! Daher mein Tipp: Ich-Box einrichten. Muss ja nicht gleich Bollywood sein. Obwohl, *give it a go, it's gonna be fun!*

Verantwortung LÄUFT IMMER IN ZWEI RICHTUNGEN AB. WIR SIND VERANTWORTLICH FÜR DAS, WAS WIR TUN, UND FÜR DAS, WAS WIR NICHT TUN.

76 DETOX & CO

Eine Freundin von mir hat neulich gefastet und durfte sich eine Menge Kommentare anhören: »Hä? Wieso denn? Du bist doch schlank?« – »Na, Detox eben!«, sagte sie verblüfft. Dass man sich rechtfertigen soll, weil man sich für seine Gesundheit interessiert, ist schon komisch, finde ich. Sollte doch eher selbstverständlich sein. Unser Auto und den Kühlschrank putzen wir ja auch von innen. Kaum gedacht, habe ich gleich mal eine Mayr-Kur geplant. Ich habe einfach keine Lust, auf Symptome zu warten oder bis die Waage Zahlen zeigt, die ich in dieser Kombination auch noch nie gesehen habe. Und du? Entscheidest du dich auch öfter mal bewusst für eine Extraportion Gesundheit, vielleicht sogar heute? Muss ja nicht gleich Fasten sein. So ein Kartoffeltag bringt auch Entlastung, ist basisch pur. Ich finde: Marie Kondo mal in den eigenen Bauch einzuladen, ist immer eine gute Idee.

WER ES *allen* RECHT
MACHEN WILL,
MACHT ES SICH *selbst*
NICHT RECHT.

77 DAS KANNST DU NICHT BRINGEN!

Das Thema Abgrenzung sorgt immer wieder für Wallungen. »Das kann man doch nicht bringen! Ist doch unhöflich zu sagen: Ich merke gerade, dass ich lieber schweigen will«, wenn zum Beispiel die Kosmetikerin ein unstillbares Redebedürfnis hat. Wirklich? Ich finde es eher unhöflich, jemandem Interesse vorzugaukeln, obwohl wir fieberhaft überlegen, wie wir aus der Nummer wieder rauskommen. Ehrlich zu sein, sich selbst und anderen gegenüber, gelingt besonders gut, wenn du es ganz locker nimmst. Im *50-Sätze*-Buch schreibe ich öfter: Es darf klingen wie ein leichtfüßiges »Ich nehm dann noch 'ne Apfelschorle«. Mit diesem Tonfall ist fast jede Botschaft fein. Neulich hat mich eine aufgebrachte Frau gefragt: »Das würdest du also knallhart so sagen, ja?« Und ich dachte: Na, knallhart klingt jetzt eigentlich sie. Daher meine Antwort: »Nein, ich würde es *nicht* knallhart so sagen. Ich würde es so sagen.«

WENN DU DAS KLEINGEDRUCKTE NICHT LIEST, KLEBT DIR DAS *Leben* PLAKATE IN DEN WEG.

78 DAS LEBEN IST EIN SPIEL

Ich finde ja, das Leben ist ein großer Spielplatz, und wir sind mittendrin. Da gibt es ganz viele Stationen, an denen wir uns ausprobieren können. Quasi ein Zirkeltraining. Nur sind die Geräte hier Menschen. »Ah, dann übe ich heute also mit der Verkäuferin mal Feedback geben« oder Mut, Hingabe und Loslassen mit meinem Kind. Wenn du dein Leben als Spielplatz sehen kannst, wird alles leichter. »Wieso muss ich im Zug immer neben einem laut telefonierenden Mann sitzen, der super nervt und sich breitmacht?«, hat neulich eine Frau auf Instagram geschrieben. Ich denke mir, das ist doch super eingefädelt vom Leben, weil sie ja *ohne* diese rücksichtslosen Männer ihr Thema gar nicht klären könnte. Durch ihn kann sie souveräne Abgrenzung üben und wie es gelingt, sich zu behaupten. Wenn es niemanden gibt, der unsere Buttons drückt, wie sollen wir uns dann entwickeln?

WAS IST *mutiger*
FÜR DICH?
NEUES ZU ENTDECKEN
ODER ALTES ZU
HINTERFRAGEN?

79 SINNLOSE PROGNOSEN

Eine Freundin von mir arbeitet mit krebskranken Menschen und könnte regelmäßig ausflippen, wenn Ärzte so etwas sagen wie: »Weihnachten erleben Sie nicht mehr. Am besten Sie verabschieden sich schon mal.« Wenn man diesen Ärzten mit mentaler Aufrichtung kommt oder mit irgendetwas, das sie nicht kennen, sagen sie selten: »Ich weiß nicht, wie das funktioniert«, sondern: »Das funktioniert nicht.« Aha. Ganz schön übergriffig, finde ich. Erst recht, wenn dann derselbe Arzt über eine andere Patientin sagt: »Ihre Mutter hätte noch ein paar Jahre gehabt, aber sie hat sich aufgegeben.« Wie jetzt? Die Macht, uns selbst aufzugeben, haben wir also, aber die Kraft, uns selbst zu heilen, nicht? Merkwürdige Logik … Noch nie etwas von NOCEBO gehört? Für mich ist dieses wunderbare Zitat viel naheliegender: »Jeder wusste, dass es unmöglich war, bis auf den Idioten, der es nicht wusste und es möglich machte.«

EREIGNISSE WÜHLEN
UNS NICHT AUF.
AUFWÜHLEND IST,
WELCHEN *Stellenwert*
WIR IHNEN GEBEN.

80 SAG ICH WAS ODER NICHT?

Einkaufen kann ein großartiger Alltagstest sein. Was man da so alles erlebt! Die Frau, die vor mir an der Kasse steht, legt dieses Trennteil zwischen ihre und meine Sachen, schiebt dann aber noch etwas nach und vergisst offenbar, den Trenner zurückzulegen. Ich bekomme es nur am Rande mit, weil ich gerade ein Buch im Handy lese. Aufregung bei der Kassiererin: »Dett ist *nicht* Ihre Ware? Is' von der nächsten Kundin, wa?« Hier bin offenbar ich gemeint. Schon stürzt sich die Einkäuferin auf mich: »Na, sie liest ja nur. Die ist ja gar nicht bei sich!« Ohooo! *Du* machst einen Fehler und stürzt dich in der dritten Person auf *mich*? Da heb ich doch den Kopf. »Jetzt kiekt se!«, sagt sie ungeniert, als ich aufblicke und schon fast etwas sagen will. Und dann denke ich: »Nö. Ich übe mal lieber Schweigen.« Denn wenn du dich für Schweigen entscheidest, anstatt es aus Hilflosigkeit tun zu müssen, ist das eine tolle Übung. Was man beim Einkaufen so alles lernt ...

WENN ES DEINE *innere Ruhe* KOSTET, WAR DER PREIS ZU HOCH.

81 MAL 'NE ANSAGE MACHEN

Neulich hat mir ein Hörbuch-Fan geschrieben: »Ich hätte da noch einen Satz für dich: ›Dafür stehe ich nicht mehr zur Verfügung.‹« Gefiel mir auf Anhieb, denn damit können wir uns abgrenzen, wenn wir uns verändert haben und eine schroffe Reaktion befürchten. Könnte so klingen: »Du warst doch sonst nie so!«, und dann entgegnest du ganz ruhig: »Ja, stimmt. Das habe ich früher oft gemacht. Und jetzt stehe ich eben dafür nicht mehr zur Verfügung. Ist ja wichtig, dass du das weißt.« Gelächelt. Umgedreht. Neues Verhalten installiert. So einfach kann es sein. Und damit reiht sich dieser Satz ein in die wunderbare Kette der entspannten Abgrenzungen, wie »Ich bin hier gar nicht zuständig« oder »Ich glaube das ist dein Thema« und auch »Ich sag das nicht gegen dich. Ich sage es für mich«. Alles gelassene Formulierungen, um die Dinge wieder ins rechte Licht zu rücken und klare Verhältnisse zu schaffen: Hier höre ich auf. Und da fängst du an.

DIE *beste*
ENTSCHEIDUNG
IN DEINEM LEBEN
IST EINE,
DIE DU TRIFFST.

82 SORGEN SIND WICHTIG?

Mir hat jemand geschrieben, dass er 49 Kapitel meines Buchs *50 Sätze, die das Leben leichter machen* klasse findet, aber das Thema Sorgen sieht er völlig anders. Damit hätte er nämlich mal seinen kranken Sohn gerettet. Er hätte im Krankenhaus vor lauter Sorge so einen Wirbel veranstaltet, dass die Ärzte deshalb den Fehler gefunden hätten, wodurch sein Sohn überleben konnte. Erst mal: Wie wunderbar, Glückwunsch! Und Einspruch: Denn das waren keine Sorgen. Das war Intuition gepaart mit Handlung. Sorgen sind das genaue Gegenteil: ein sinnloser, lähmender Zustand. Ein Schwelgen in negativen Gefühlen, ohne aktiv zu werden. »Vielleicht bin ich nächste Woche richtig krank und kann nicht nach Mallorca fliegen«, zum Beispiel. Negative Zukunftsszenarien ohne Handlung – das sind für mich Sorgen und damit pure Zeitverschwendung. Unsere Intuition zu spüren und danach zu handeln, ist dagegen emotional intelligent und natürlich großartig!

DEIN *Ziel* ERREICHST
DU LEICHTER,
WENN DU DICH SO
VERHÄLTST,
ALS HÄTTEST DU ES
SCHON ERREICHT.

83 WAS BIST DU WERT?

Ich habe meine Coaching-Karriere im Euro-Einführungsjahr begonnen. Wo ohnehin alle hintenübergekippt sind, weil manche die neue Währung einfach mal dreist 1:1 übersetzt haben. Ich weiß noch genau, wie der erste Kunde reagiert hat, als ich zum ersten Mal mein Honorar genannt habe: »Wow! Ich dachte mir schon, dass Sie teuer sind!« Und ich meinte »Teuer? Ich finde mich eher wertvoll!« Da hat er gelacht, und ich auch. Dann hat er gezahlt. Danach wurde ich nie wieder auf mein Honorar angesprochen. Es wurde einfach 20 Jahre lang akzeptiert. Das kann schon mal passieren, wenn du dir über deinen Wert klar bist. Und wenn es kein schlagfertiger Spruch ist, sondern pure Überzeugung, Haltung, Selbstverständnis. Wenn du ehrlich bereit bist, für weniger nicht anzutreten, hören Verhandlungen auf. War immer meine Erfahrung. So einfach. So schwer.

DICH SELBST BEIM WORT ZU NEHMEN, IST EIN GROSSES GESCHENK AN DICH. VIELE NENNEN DAS DISZIPLIN. ICH NENNE ES *Selbstrespekt*.

84 ENTSPANNT ABSAGEN

Ich muss leider absagen. Wie oft wir das wohl schon gehört haben? Ich sage ja lieber so etwas wie »Ich möchte das lieber verschieben«. Möchte statt muss, lieber statt leider. Macht die Angelegenheit geschmeidiger, übrigens für beide Seiten. Denn meistens haben die anderen genug damit zu tun, unseretwegen ihren Tag neu zu planen, da wollen sie nicht auch noch die ganze Backstory hören, samt schlechtem Gewissen. »Ich möchte den Termin lieber verschieben« macht es leichter. Und wenn du unbedingt mehr erklären willst, übernimm doch gern hörbar Verantwortung. Etwa: »Ich habe mich total übernommen« oder »Ich hab die Zeit falsch eingeschätzt«. Meiner Erfahrung nach wird das viel gelassener aufgenommen als »Weißt du, ich hab so viel zu tun, weil, aber, weil …«. »Ich möchte unseren Termin lieber verschieben« reicht unter Erwachsenen doch völlig aus.

Vergleiche BEWIRKEN
NIE ETWAS GUTES.
ENTWEDER WEIL DU
DICH DAMIT
ÜBER ANDERE STELLST
ODER UNTER SIE.

85 FEAR OF MISSING OUT

Ganz ehrlich, FOMO habe ich nie wirklich verstanden. Was ist das für eine merkwürdige Angewohnheit, etwas zu vermissen, das ohne mich stattfindet? Fast alles auf der Welt findet doch ohne mich statt. Ständig und täglich. Wenn ich auf dieses eine Konzert gehe, verpasse ich alle anderen Konzerte. Wenn ich Ja zu diesem einen Job sage, sage ich Nein zu allen anderen Jobs auf der Welt. Ist einfach so. Ich nenne das nicht verpassen, sondern entscheiden. Und Entscheidungen sind immer hilfreich. Machen wir im Restaurant genauso. Da geht auch keiner in die Küche und kostet erst mal aus jedem Topf. Wir bestellen uns ein Gericht, wissend, dass wir damit alle anderen von der Karte nicht essen. Mein Tipp, konzentriere dich nicht auf das, was möglich wäre, wenn FOMO im Anmarsch ist. Fokussiere dich lieber auf diese eine Sache, die du wählst. So hat innere Ruhe eine Chance.

EIN *Problem* IST
DOPPELT ÄRGERLICH,
WENN DU DICH
DARÜBER ÄRGERST,
DASS DU DICH
GEÄRGERT HAST.

86 BEHERZT DAZWISCHEN-GRÄTSCHEN

Bing, Beng, Bang! Was dürfen wir schnell sein, wenn wir diesen kleinen Raum erwischen wollen, zwischen Reiz und Reaktion. Weißt du, was ich meine? Jemand drückt auf einen deiner Triggerpunkte, spricht ein Thema an, bei dem du üblicherweise gleich mitsamt dem Schleudersitz in die Luft fliegst, und dann übernimmst du. Erinnerst dich einfach blitzschnell an eine Verabredung mit dir selbst. Die darfst du vorher natürlich auch getroffen haben. Wenn du zum Beispiel beschließt: Das nächste Mal, wenn Gefühl xy hochpoppt und ich ausflippen oder einschnappen will, dehne ich den Raum. Dann dehne ich die Zeit. Ich atme erst mal aus, dann sage ich SATZ xy. Diese Luxussekunde versetzt dich in die Lage, dass du eben *nicht* als Opfer der Umstände reagieren *musst*, sondern als Gestalter, als Schöpferin deines Lebens agieren *kannst*. Ist Millimeterarbeit, schon klar. Und sooo gut, wenn es klappt.

WER INNEN *reich* IST
UND AUSSEN ARM,
IST REICH.
WER AUSSEN REICH IST
UND INNEN ARM,
IST ARM.

87 DIE SINNLOSIGKEIT DES LEBENS

Wir arbeiten, um Geld zu verdienen, unsere Wohnung zu bezahlen und unser Essen, das wir dann verdauen, die Reste spülen wir die Toilette runter. Dann sind wir leer, kriegen wieder Hunger, gehen essen, also wieder Geld verdienen. Ein anderer Loop: Wir ackern so viel, dass wir eine Massage brauchen, die Geld kostet, das wir verdienen dürfen, also ackern wir weiter. Schier unerträgliche Kreisläufe können das sein, *wenn* wir keinen tieferen Sinn im Leben erkennen. Interessant ist: Zur selben Zeit arbeitet irgendwo ein japanischer Mönch mit Hingabe und Akribie seit Jahren an einem einzigen Sandgemälde, das *gerade* fertig wird. Mit einem einzigen Stoß seines Rechens zerstört er es. Ein kurzes Lächeln, und schon fängt er wieder von vorne an und ist dabei selig. Will sagen: Es ist völlig egal, was wir im Außen tun. Allein die innere Haltung kann bewirken, dass etwas Sinn für uns macht oder eben nicht.

SEI ÖFTER MAL

einverstanden DAMIT,

NICHT EINVERSTANDEN

ZU SEIN.

88 GERÜCHTE

Neulich schrieb mir eine Frau, dass Kolleginnen Geschichten über sie verbreiten, die übel und absolut erfunden sind. Ihre Frage an mich: »Würdest du das klarstellen, Karin, oder soll ich lieber schweigen? Ich bin so harmoniebedürftig!« Na klar sprichst du das an! Gerade Menschen mit Harmoniebedürfnis sollten das immer schnell tun, weil wir genau damit Harmonie wiederherstellen können. Tut einmal kurz weh beim Überwinden, und dann ist es lange gut. Was ich sagen würde? Vielleicht: »Ich hab gehört, du sollst das und das über mich erzählen. Stimmt das denn?« Wenn darauf ein Ja kommt, was ich bezweifle, kannst du dich verhalten, und wenn ein Nein kommt, was ich vermute, kannst du sagen: »Ach schön! Dann bin ich ja froh, dass ich das angesprochen habe«, oder einfach nur: »Stimmt also nicht? Dann ist es ja gut.« In jedem Fall bitte ansprechen. Ganz klar.

WENN DU DEINE *Sicht* AUF EINEN MENSCHEN VERÄNDERST, VERÄNDERT SICH IMMER AUCH DER *Mensch*. KEIN GLÜCKSKEKS-SPRUCH. IST WIRKLICH SO.

89 WIE DU ANDERE MENSCHEN ÄNDERN KANNST

Wenn du es schaffst, einen Menschen, der dir wahnsinnig auf die Nerven geht, neu zu betrachten, milder, verständnisvoller, warmherziger, kannst du ein Wunder vollbringen. Ernsthaft. Dann nämlich, und nur dann, hat dieser Mensch tatsächlich eine hohe Chance, sich zu entwickeln – ganz ohne dass er bewusst etwas dafür tut. Natürlich kostet es Überwindung, wenn du gerade eher geneigt bist, jemanden auf den Mond zu schießen. Klappt trotzdem gut. Ich habe das mal mit einem äußerst negativen Kollegen vom Radio so gemacht. Was hat er alles gegen mich aufgefahren. Dann habe ich zu Hause so lange eine Fantasiereise gemacht, bis ich ihn vor meinem geistigen Auge auf einem Blumenfeld lieb lächeln sah. So hatte ich den Mann noch nie gesehen. Am nächsten Tag kam prompt das Wunder: keine üblichen Anfeindungen in der Programmkonferenz, stattdessen Harmonie pur. Zwei lange Wochen. Dann durfte ich wieder ran. War es mir wert.

WILLST DU ETWAS ERLEBEN ODER DAS ERLEBNIS *sein?*

KLEINE FRAGE. GROSSER UNTERSCHIED.

90 DIE WELT UND DU

Willst du etwas erleben oder das Erlebnis sein? Schon mal drüber nachgedacht? Ist ein großer Unterschied. Wahrscheinlich fühlt sich beides schön an, wie es ja ohnehin meist gesund ist, wenn wir uns erlauben, beide Pole zu leben. Ich zum Beispiel bin sehr gerne tiefgründig, *und* ich kann oberflächlich sein. Verständnisvoll *und* intolerant. Klar *und* weich. Ehrlich *und* ironisch. Geht alles ganz wunderbar, oft sogar zur selben Zeit. Wichtig ist, glaube ich, nur, dass wir in uns diese innere Waage spüren. Dass wir mitbekommen, wann kippt etwas. Ist wie beim Seriengucken. Irgendwann nach der vierten Folge kommt dieses Unwohlsein. Du fühlst dich irgendwie schmutzig, träge. Dann weißt du, jetzt darf ich mal wieder selbst loslegen, etwas kreieren und rauskommen aus dem Beriesel-Modus. Daher kann die Frage »Will ich heute etwas erleben oder das Erlebnis sein?« deinen Tag ganz wunderbar bereichern.

ÄRGERE DICH NICHT,
WENN DU EINE
Vereinbarung MIT DIR
GEBROCHEN HAST.
BEGLÜCKWÜNSCHE
DICH LIEBER, DASS DU
ES GEMERKT HAST.

91 IRRSINNIGE ALLTAGSTESTS

Neulich biege ich von einer stark befahrenen Straße in eine dieser engen Straßen ein, durch die immer nur ein Auto passt. Nach vielleicht 50 Metern schießt ein SUV aus der Einfahrt und bleibt Schnauze an Schnauze vor mir stehen. Erst denke ich, er fährt bestimmt zurück. Stattdessen Fenster runter, Kopf rausgestreckt, rumgeschrien. Das war seine Idee. Und meine: Wagen ausmachen. Denn die ganze Strecke rückwärts in eine Kurve, über einen Radweg auf eine dreispurige Straße fahre ich ganz sicher nicht. Wollte den Tag gern überleben. »Sie sollen zurückfaaahreeen!«, schreit er kampflustig mittlerweile vor meinem Fenster stehend, obwohl hinter ihm die freie Einfahrt liegt. Darauf ich: »Ich bringe Ihretwegen niemanden in Gefahr. Ich bleibe hier sitzen, bis Sie Ihr Ego aus dem Weg geräumt haben, damit wir beide weiterfahren können.« Es hat stolze vier Minuten gedauert, bis er die Straße freigegeben hat. Alltagstests können irre sein.

DENKST DU DEINE

Gedanken,

ODER DENKEN SIE

NOCH DICH?

92 AKKUS AUFLADEN

Wir laden täglich unser Handy auf, wir schließen den Computer an, finden wir logisch und normal. Aber mit den eigenen Akkus ist es so eine Sache. »Doch kein Yoga mehr, ist jetzt eh zu spät. Doch kein Treffen mit der besten Freundin, wir sind zu schlapp. Jetzt nicht noch was Gesundes kochen, ich hab genug gemacht für heute, Tiefkühlpizza tut es auch.« Ist alles total menschlich, *und* es bringt nichts. Denn Fakt ist ja, aus einem leeren Brunnen kannst du kein Wasser schöpfen. Wir dürfen zusehen, dass wir oft genug auftanken, um selbst etwas weitergeben zu können. Alte Flugbegleiter-Weisheit. Du weißt schon: «In the unlikely event of a loss in cabin pressure ...« Wir dürfen die Sauerstoffmaske nun mal zuerst uns selbst aufsetzen, bevor wir anderen helfen. Im Flieger wie im Leben. Die eigenen Batterien freiwillig selbst aufzufüllen, ist so viel leichter, als es irgendwann unter Druck tun zu müssen.

DU WILLST EINEN RAT?
FRAGE DICH *selbst.*
IM ERNST.
WER SONST KENNT
DICH BESSER?

93 HERZ UND HIRN

Zur Geschichte mit dem kranken Sohn und den Sorgen kam neulich eine Nachfrage: »Wie kann ich auseinanderhalten, was eine Sorge ist und was Intuition?« Sorgen fühlen sich eng an. Es zieht sich alles zusammen in uns. Du wirst ein Stückchen kleiner dabei. Auch Zweifel machen eng, sie werfen dich obendrein noch hin und her, weil sie nur aufpoppen, wenn es mindestens *zwei* Wege gibt – logisch, sonst würde es wohl Einfel heißen. Soll ich es so oder so machen? Dies oder das nehmen? Auch hier ist das Gefühl: Du wirst kleiner. Sorge und Zweifel, beide sind Gedanken. Intuition dagegen ist ein Gefühl. Eins, das sich richtig anfühlt, ohne dass du weißt, wieso. Kein Wissen, inneres Wissen. Intuition macht, dass wir grundlos Klarheit haben. Intuition gibt Größe, du wächst dabei ein Stück. Mein Tipp ist: Vertraue deiner Intuition, und frage dich bei Zweifeln sofort: Sind sie förderlich oder hinderlich? Eine einfache Frage, die immer schnell Antworten bringt.

WISSEN WIRD ZU
Können, WENN DU
VERGESSEN HAST,
WIESO ES
FUNKTIONIERT.

94 NIMM ES LIEBER LEICHT

»Es war total leicht, deine Sätze anzuwenden«, höre ich immer wieder. »Meine Kollegin hat mich tatsächlich ausreden lassen nach ›Ich bring das erst mal zu Ende‹« oder »Ich hatte wirklich meine Ruhe nach ›Wie gesagt …‹«. »Ich war so erleichtert nach ›Gute Besserung‹!« Große Verblüffung also, wenn die Lieblingssätze wirklich funktionieren. Genauso war das mit der Leichtigkeit gedacht. Nur wenn du etwas *nicht* anwendest, es anzweifelst und rausschiebst, wird es schwer. Und auch dann meist nur, weil wir uns vorstellen, wie schwer es wohl sein kann, anstatt es einfach mal zu tun. Neulich hatte ich ein sehr lustiges Pingpong-Spiel am Telefon. Ich sage: »Da bin ich gar nicht zuständig«, und der Kunde: »Nicht?« Ich: »Nein.« Er: »Ach so!« – »Genau.« – »Na gut, ja dann. Danke.« – »Gerne.« – »Tschüss.« Aufgelegt. Ich habe mich weggeschmissen! Tja, wenn du ausgetrampelte rhetorische Pfade verlässt, ist das Erstaunen immer groß.

EINE SCHLECHTE IDEE FÜHRT OFT ZU EINER GUTEN. *Beginne einfach* IRGENDWO.

DIE FORM FINDET SICH.

95 BRAUCHEN WIR ZIELE?

Es ist schon komisch. Menschen, die wissen, dass sie bald sterben, sagen oft: »Schade! Ich war viel zu rastlos.« Mitten im Leben hieß es noch: »Schlafen kann ich, wenn ich tot bin.« Tja. Was stimmt jetzt? Klar, rastlos sein klingt nie sonderlich gesund, und trotzdem sind wir halt Menschen, und Menschen lieben Ziele, so tickt unser Gehirn. Kaum etwas erreicht, kommt schon das nächste dran. Auch alle möglichen Motivationstrainer erzählen ständig, wie wichtig Ziele sind. Ich bin mir da nicht sicher. Als ich zum Beispiel meine erste Gesangstunde bei der fantastischen Kara Johnstad hatte, meinte sie: *»What's your aim, Karin?«* Und ich: *»My aim is not have an aim.«* Mein Ziel ist, keines zu haben, denn ernsthaft: *Noch* ein Ziel? Ziele kann ich schon. Ich wollte so gerne mal ziellos sein. Ist natürlich auch wieder ein Ziel, schon klar. Also da haben wir es: Menschen brauchen Ziele, selbst wenn es keine sind.

BLICKE OFT GENUG AUF
EINEN SEE
ODER AUFS MEER.
EIN FLUSS GEHT AUCH.
Wasser VERSÖHNT.

96 PHÄNOMEN ZEIT

Es ist schon irre, welchen Stellenwert Zeit in unserem Leben hat. Wir jagen ihr hinterher. Wir haben zu wenig davon, dabei hat jeder gleich viel. Manchmal vergeht sie rasend schnell, manchmal schleicht sie rum, und doch stimmt nichts davon, denn eigentlich gibt es sie nicht. Zeit ist eine Illusion, weil alles, was zwischen Wiege und Sarg geschieht, im Jetzt stattfindet. Du merkst schon, ich werde philosophisch. Für mich ist Zeit vor allem ein Wort, das Menschen erfunden haben, um etwas zu beschreiben, das sie verrückt machen würde, wenn sie dafür kein Wort hätten. Zeit ist immer *jetzt*. Und wenn immer jetzt ist, ist natürlich jetzt auch immer. Wie gehst du mit der Zeit um? Lässt du dich verrückt machen davon? Nimmst du sie dir einfach? Hast du schon mal nachgedacht über immer und jetzt? Was bedeutet Zeit für dich?

Klarheit IST DIE KUNST,
DICH VON WILDEN
GEDANKEN NICHT
BEEINDRUCKEN
ZU LASSEN.

97 ÄNGSTE LOSLASSEN

Ildikó von Kürthy wollte einmal von mir wissen, ob ich immer so souverän bin oder auch irgendwelche Themen habe. Ich? Nö! Oder anders formuliert: Na klar! Ich bin nur schnell im Umsetzen, deshalb merken das viele nicht. Ich allerdings schon. Was mir dann sofort hilft, ist Ruhe: »RUUUUHIG, Karin!« »Ganz ruhig«, sage ich mir dann. So wie »Ruhig, Brauner«. Nur halt mit Namensnennung. Hilft, damit ich mich angesprochen fühle. Wenn ich dabei dann noch auf die Thymusdrüse klopfe, das ist die Stelle zwischen Hals und Brust, tritt sofort Entspannung ein. Wobei ich dazu sagen will: Ich finde Angst ja ziemlich sinnlos und schlittere daher lieber gleich in die Panik. Na, das ist ein Gefühl! Volle Überforderung gepaart mit Hektik. Dann heißt es: Stress ausatmen. Thymusdrüse klopfen, lächelnd einatmen, und das Leben kann kommen. Ruuuhig, Brauner!

ES GIBT ZWEI WEGE
AUS DER
UNSICHERHEIT.
KÄMPFE GEGEN SIE AN
ODER *umarme* SIE.

98 SCHLAGFERTIGKEIT

Irgendwie gelte ich mittlerweile als Schlagfertigkeits-Queen, dabei war das nie mein Thema, ist mir viel zu technisch, und Strategien habe ich auch noch nie gemocht. Ich fand immer: Die beste Strategie ist, wenn du keine brauchst. Denn wenn die Haltung stimmt, bist du automatisch in einem ruhigen Zustand, der rhetorische Finessen überflüssig macht. Dennoch ist es natürlich vorteilhaft, sich auf dem Weg dorthin ein kleines, feines Potpourri an Sätzen zuzulegen, die wir bei Bedarf mal entspannt zücken können. Vorbereitung beruhigt ja ungemein. Sie bringt dich in die Lage, deine Sätze bewusst zu wählen, anstatt zwanghaft und getrieben zu reagieren. Bin ich also schlagfertig? Ja schon, allein aus einem Spieltrieb heraus. Doch trete ich dafür von Herzen an? Nein. Mir ist innere Souveränität viel wichtiger. Wollte ich hier gern mal klarstellen.

DAS, WOGEGEN DU DICH AM MEISTEN WEHRST, IST DAS, WAS DU AM MEISTEN *anziehst*.

99 WAS IST SCHON, WIE ES SCHEINT?

Ist dir mal aufgefallen, wie nah Verzweiflung und die größte innere Zufriedenheit beieinanderliegen? Oder Depression und Glück? Die einen sind verzweifelt, die anderen begeistert wegen ein und derselben Sache. Für den einen ist es das höchste Ziel, im Rampenlicht zu stehen, die andere versucht, genau das ihr Leben lang zu verhindern. Ich tippe auf das »Wer Locken hat, will glatte Haare«-Phänomen. Vermutlich bekommen wir immer genau das im Leben, das uns in diesem speziellen Moment am meisten wachsen lässt. Manchmal fühlt sich das großartig an, und manchmal wie der allergrößte Verlust. Doch das sind nur Gefühle. Was wirklich weiterhilft, ist ein Gedanke: Wo liegt eigentlich das Goodie in der Situation verborgen? Was ist das Geschenk an der Sache, die sich gerade so schwer anfühlt für mich? Wenn wir uns das fragen, laden wir selbst in der tiefsten Betroffenheit ganz nebenbei auch Wachstum ein. Und plötzlich wird es heller.

DU LERNST MEHR AUS
DEM, WAS DU *verlierst*,
ALS AUS DEM,
WAS DU GEWINNST.

100 LIEBE HEISST LOSLASSEN

Das Leben ist verrückt. So viele komplett unterschiedliche Gefühle liegen so dicht nebeneinander, und manchmal springt im größten Glück ein Funke über, und alles kann plötzlich ganz traurig sein. Jemanden zu lieben zum Beispiel, heißt ja immer auch, ihn eines Tages loszulassen. Denn wenn wir jemanden wahrhaftig lieben, wünschen wir uns für diesen Menschen sicherlich das Beste. Und manchmal ist das Beste für einen anderen eben auch, ohne uns weiterzuziehen. So einfach. So schwer. Doch selbst wenn du bis ans Ende deiner Tage mit jemandem zusammenbleibst, den du liebst, lässt du diesen Menschen an deinem letzten Tag eben doch los. Liebe läuft zwangsläufig auf Loslassen hinaus. Ich glaube, es ist heilsam, diese Dimension – auch wenn wir gerade selig in der Fülle schwelgen – immer leicht mitschwingen zu lassen. Macht innerlich freier. Liebe heißt loslassen. Ist einfach so.

LASS NICHT ZU,
DASS DICH JEMAND
VON DEINEM
Ziel ABBRINGT.
VOR ALLEM NICHT
DU SELBST.

101 ZWICKMÜHLE

Neulich schreibt mir eine Frau, sie hätte da diesen Job in Aussicht, bei dem sie zum ersten Mal nach der Uni so richtig viel Geld verdienen würde. Aber eigentlich will sie ein Start-up gründen. Andererseits zieht es sie in die Welt, nur Reisen kann sie in der Start-up-Phase natürlich erst mal knicken. Der Job dagegen würde ihr das Geld für die Reise bringen, nur ist der eben nicht erfüllend. So kann es kommen, wenn Hirn und Herz Pingpong spielen, oder? Anstrengend. Hier greift vielleicht dieser alte Spruch ganz gut: »Tu, was du willst. Und solange dir das nicht möglich ist, entscheide dich dafür, wenigstens zu wollen, was du tust.« Gesunde Einstellung, finde ich. Denn wie du dich fühlen willst, während du noch nicht das tust, was dir vorschwebt, kannst du ja zum Glück immer noch selbst entscheiden.

DEINE *Zukunft* IST
NICHT AUTOMATISCH
DIE FORTSETZUNG
DEINER VERGANGENHEIT.
NUTZE DIE *Gegenwart*,
UM IMMER MAL WIEDER
VÖLLIG NEUE ASPEKTE
IN DIR WACHZUKÜSSEN.

102 WENN UNS ANDERE RUNTERMACHEN

Neulich hat mir eine Klientin von ihremMann berichtet, der oft von oben herab redet. Er lässt sie schlecht dastehen, sie fühlt sich dumm und klein. Kennst du solche Menschen? Die andere runtermachen, damit sie selbst kurz oben stehen und für einen Moment glauben: Ich habe was zu sagen. Ich bin was wert. Klar, dass das Gegenteil dahintersteckt: Genau diese Menschen sind besonders unsicher und können den eigenen Wert eben *nicht* spüren. Das bekommen sie nur auf Kosten anderer hin, die sich zur Verfügung stellen. Ich formuliere das extra so, denn wer runtergemacht wird, muss immer auch ausstrahlen: »Mit mir kannst du's machen.« Ob uns das bewusst ist oder nicht. Das Geniale ist: Genau durch diese despektierliche Art hat der Mann der Klientin bewirkt, dass sie sich nun weiterentwickelt. Dass sie aufsteht und über sich hinauswächst. Und so ist am Ende dann *sie* selbstbewusst geworden – was sie nur werden konnte, weil er so verächtlich und unsicher war. Wenn er das geahnt hätte …

FORMEL FÜR

Zielerreichung:

ENTWEDER KLEINER TRÄUMEN ODER GRÖSSER HANDELN.

103 DRANBLEIBEN

Ich bin immer ganz platt, wenn ich höre: Ich habe jetzt schon viermal Yoga gemacht und noch keinen Unterschied gemerkt. Gerade Neueinsteiger scheinen die Erwartung zu haben: »Das mach ich jetzt mal, und dann geht es so richtig ab!« Nein. Das machst du jetzt mal, und dann machst du's noch mal. Ist beim Duschen ja genauso. Funktioniert super mit dem Saubermachen, bis man halt wieder dreckig wird, weshalb wir uns auch täglich waschen. Wenn du eine neue Routine aufbauen willst, ist immer erst mal Geduld gefragt. 21 Tage, sagen viele Studien. Was sicher hilft, sind Lust auf die neue Leichtigkeit, Hingabe und Durchhaltevermögen. Und irgendwann lehnst du dich dann nach vorne beim Yoga, und dein Kopf erreicht den Boden. Einfach so. Dann hat sich das Üben also doch gelohnt.

WIE DU *Scheitern* VERMEIDEN KANNST? GAR NICHT. SCHEITERE EINFACH *mit Freude*.

104 VORHERSAGEN

Ich mag ja Wetterberichte im Fernsehen. Von wegen: *Hoch Dieter über Finnland bringt kalte Luft aus Nordnordost*. Mich faszinieren allein schon die treffsicheren Armbewegungen der Meteorologen. Ich komme drauf, weil mich neulich ein Bekannter auf dem Dach besuchen wollte. Schon fünf Tage vorher hat er mir Prognosen auf die Voicemail gesprochen. Morgen Nacht lieber die Matratzen reinholen. 40% Regenwahrscheinlichkeit für Mittwoch. Und ob ich Wärmepilze hätte, wollte er wissen. Ich dachte, wieso warten wir nicht einfach, bis die fünf Tage um sind? Wenn das Wetter schön ist, sitzen wir draußen, und wenn es stürmt, drinnen. Eine andere Möglichkeit habe ich sowieso nicht. Für mich sind Zukunftsszenarien meist pure Zeitverschwendung. Wieso uns über Umstände Gedanken machen, die wir nicht mal ändern können? Einfach auf sich zukommen lassen, flexibel bleiben und voll im Moment sein, ist sicher die leichtere Variante und spart unendlich viel Zeit.

VIELE HABEN ANGST,
Fehler ZU MACHEN.
DABEI MACHEN FEHLER
DOCH UNS.

105 ANDERE ÄNDERN WOLLEN

Kannst du dich noch an die Geschichte mit dem SUV-Fahrer erinnern, der die Straße partout nicht freigeben wollte? Als ich das gepostet hatte, hieß es in einem Kommentar: »Ich glaube nicht, dass der Mann sich durch deine Reaktion verändert hat, Karin.« Möchte ich gern mal aufgreifen. Denn die Frau hat recht. Der SUV-Fahrer hat sich vermutlich wirklich nicht geändert. Nur, darum ging es auch gar nicht. Mein Anliegen ist es nicht, draußen rumzurennen und Fremde zu verändern. Das biete ich nur Menschen an, die sich das explizit wünschen. Überhaupt geht es im Leben, glaube ich, immer nur darum, uns selbst zu verändern, weil wir dadurch eben auch den Blick ändern, mit dem wir die Welt betrachten, und die Art, wie wir auf sie reagieren. Bezogen auf den Mann aus der Geschichte heißt das: Jemand ist durch deine neue Reaktion trotzdem gleich geblieben? Völlig egal. Denn du hast dich verändert. Und darauf kommt es an.

MANCHMAL MUSST DU *weggehen*, UM ZU WISSEN, DASS DU *wiederkommen* WILLST.

106 FREUNDE GEHEN LASSEN

Manchmal sind wir nur noch mit Menschen befreundet, weil es immer so war, auch wenn die Verbindung längst nicht mehr passt. Wir reden vor allem über früher, ohne zu merken, dass das zwanghaft ist, weil im Jetzt die Themen fehlen. Die Wege haben sich irgendwie getrennt, und keiner will es zugeben. Kennst du das? Wenn wir dann heimlich, still und leise denken, dass es das dann ja vielleicht auch mal gewesen sein könnte, prasseln Stimmen auf uns ein: »Was? Nach all den Jahren? Was *ihr* alles erlebt habt zusammen! Das wirft man doch nicht weg!« Weiß ich gar nicht. Wenn eine Verbindung wirklich nicht mehr stimmt, denke ich eher: Sei ehrlich. Bleib ruhig. Lass los. Dann sagst du vielleicht: »Danke für den schönen Weg. Ab hier gehe ich dann allein weiter.« Freundschaften zu beenden, selbst die längsten, ist manchmal ein echter Liebesdienst – für den anderen und für dich selbst.

LENKE DICH NICHT VON NEGATIVEN GEFÜHLEN AB. *Fühl sie zu Ende,* DAMIT SIE WIEDER GEHEN KÖNNEN.

107 GEFÜHLE ZU ENDE FÜHLEN

Wir sind nicht sonderlich gut darin, Gefühle, die wir als negativ empfinden, auszuhalten. Dabei wäre genau das der Weg aus der Misere. Wenn wir etwas zu Ende fühlen, können die Gefühle gehen. Doch wir wollen, dass sie sofort verschwinden. Jetzt. Für unsere Lieblingsmenschen wollen wir das auch. Deshalb flüchten wir uns ins Trösten oder Diskutieren, anstatt unsere Freunde ihren Schmerz fühlen zu lassen. Oft ist Ablenkung unser erster Impuls. Einer, der so gar nichts bringt, denn dieses Verhalten verzögert nur die Lösung. Mein Tipp ist daher: Bring deine Freunde, deine Kinder oder dich selbst nicht um die Erfahrung negativer Gefühle. Was wir wegdiskutieren wollen, wird oft sogar noch größer. Fühl lieber alles zu Ende, dann fällt die nächste Welle kleiner aus.

WAS DU GESTERN
GEDACHT HAST,
IST HEUTE SCHON
FÜHLBAR UND MORGEN
auf dem Weg zu Dir.

108 WORAUF WARTEST DU?

Wenn ich ein ganzes Jahr Zeit hätte? Dann würde ich ein Buch schreiben, würde Italienisch lernen, meine Wohnung stylen wie in einem Katalog. Wir haben tolle Antworten parat, wenn wir diese Frage hören. Endlich Zeit! Die nüchterne Wahrheit ist allerdings, die allermeisten machen nichts davon, wenn die Zeit gekommen ist. Konnte man ja während der Lockdowns ganz wunderbar erkennen. Die Zeit war plötzlich da, die Lust eher nicht. Es lohnt sich daher mal zu gucken: Wonach sehne ich mich wirklich? Ist es tatsächlich die Weltreise, oder ist es die Freiheit, die du dahinter vermutest? Ist es ein Buch schreiben oder das Image, das du damit verbindest? Denn wahr ist doch: Wer wirklich Autor sein will, würde jeden Tag eine Seite schreiben und wäre nach neun Monaten fertig. Die Frage ist also eher: Wofür stehen deine Träume wirklich?

ECHTE *Entscheidungen*

ZU TREFFEN,

BEDEUTET IMMER,

SICHERHEITEN

AUFZUGEBEN.

109 NEUGIERIG BLEIBEN

Ich liebe es ja, mir öfter mal *What if*-Fragen zu stellen, weil wir dadurch mental so schön flexibel bleiben. Zum Beispiel: Wenn du ein neues Gesetz erlassen könntest, welches wäre das? Ich glaube, ich würde einmal im Jahr einen »Anders-Tag« ausrufen. An dem Tag committet sich dann jeder im Land dazu, alles anders als sonst zu machen. Einen neuen Weg zur Arbeit nehmen, Schlager-Karaoke statt Netflix, unbekannte Orte in der eigenen Stadt erkunden. Einfach alles, was du sonst nicht tust. Was würden sich die Menschen ausdehnen an so einem Tag! Wir würden flexibler werden, toleranter und offener sein. Und stell dir vor, wie es wäre, wenn das alle am selben Tag machen. Was für eine Aufbruchsenergie! Ich zum Beispiel frage mich manchmal: Was wäre das Abwegigste, das ich heute tun könnte? Und so lande ich schon mal mit Hans Werner Olm bei einem Ulla-Meinecke-Konzert und komme aus dem Staunen nicht mehr raus. Ist wirklich so passiert!

ÜBER DICH SELBST
ZU *lachen*,
KANN WUNDERBAR
ERLEICHTERND SEIN.
SOLLTEST DU DICH
TROTZDEM ERNST
NEHMEN?
NATÜRLICH. NUR HALT
NICHT SO WICHTIG.

110 UNABHÄNGIG ODER FREI?

Wenn ich mir überlege, wie viele Menschen mir im Laufe ihres Lebens gesagt haben, dass sie unabhängig sein wollen. Ich hab das nie verstanden. Mein Ohr hört bei dem Wort immer nur *abhängig*. Wieso drücken wir uns eigentlich davor, diesen erstrebenswerten Zustand Freiheit zu nennen? Klingt doch gleich viel … freier eben. Wir sagen ja auch nicht: Ich will einen unblöden Mann kennenlernen, oder? Den nennen wir halt klug. »Ach, du bist immer so schön unwütend«, sagt auch keiner. Es ist eine Unsitte mit den Un-Vorsilben. *Und*: Es bringt nichts. Im Gegenteil. Das Gehirn ist gar nicht in der Lage, Doppelverneinungen direkt zu dechiffrieren. Was ankommt, wenn wir Unabhängigkeit hören, ist immer Abhängigkeit, nicht Freiheit, die wir eigentlich haben wollen. Ich spiele heute also mal Wort-Polizei und plädiere ganz klar für mehr FREIHEIT. Löst einfach deutlich freiere Gefühle aus.

WENN DU DEN *Anfang*
NICHT MEHR ÄNDERN
KANNST, ÄNDERE
DAS *Ende*.

111 WUNDER

Mein erster wichtiger Lehrer war ein Apache. Er hat mir die Haltung beigebracht: Ich glaube an Wunder, weil ich eins bin. Ich war Anfang 20 damals und fand das riesengroß gedacht. Heute denke ich: Na ja, klingt schon ein bisschen *cheesy*, oder? Und das hast du natürlich so oder anders auch schon zigmal gehört, weil Neurobiologen eben endlich beweisen konnten, dass es tatsächlich stimmt: Wir können uns jederzeit neu erfinden. Stichwort Neuronale Plastizität. Ständig bilden wir neue Nervenautobahnen, die wiederum neue Sichtweisen möglich machen. Spirituelle Menschen haben zwar schon immer daran geglaubt, aber jetzt ist es amtlich. Wir sind alle ein Wunderwerk und ganz und gar einzigartig. Beglaubigt mit Stempel und Unterschrift. Und dann fällt mir wieder der Apache ein: *»I believe in miracles, cause that's what I am.«* Oder wie ich immer sage: Sei realistisch. Erwarte Wunder.

Auch das noch!

Du weißt ja, wie es ist: Wissen wird zu Können, wenn du vergessen hast, wieso es funktioniert – wenn alles plötzlich automatisch abläuft. Wenn du beim Autofahren nicht mehr an die Kupplung denkst, wenn sich der Schulterblick beim Rechtsabbiegen von selbst einstellt und du nebenbei noch einen Song mitsingst, dann haben sich die Abläufe in dein System eingebrannt, sind in Fleisch und Blut übergegangen. Auf Englisch heißt es etwas weniger dramatisch *»in the bones«*. Es ist mir deshalb ein Bedürfnis, dieses Buch mit ein paar *Lifehacks* anzureichern. Übungen, Routinen, Tools, die dich sofort in die Umsetzung bringen. Und weil wir uns gerade alle so schön an den One-Minute-Rhythmus gewöhnt haben, dauert jeder Praxistipp in der Umsetzung auch maximal eine Minute. »Ich habe keine Zeit!« gilt also schon mal nicht.

Mein Anliegen ist es ja, Menschen zu unterstützen, die wirklich voller Elan losgehen wollen. Für sich. Für ihr Ziel. Für mehr Leichtigkeit im Leben.

Vielleicht auch für ihre beste Version. »Umsetzung« heißt hier das Zauberwort. Du weißt ja, Wissensriesen gibt es schon genug im Land.

Ursprünglich komme ich aus der »Viel hilft viel«-Ecke. Zum Glück habe ich sie längst verlassen. Halleluja, war das anstrengend! Doch nachdem ich bei anderen wie bei mir selbst jahrzehntelang immer wieder die Erfahrung gemacht habe, dass wir auch durch das Drehen kleiner Stellschrauben Großes bewegen können, weiß ich es heute besser. Wenig hilft auch viel. Ich freue mich daher sehr, wenn du in die Anwendung kommst. Tu dir den Gefallen und mach es besser als ich. Unterschätze nie die Kraft einer leichten Übung. Denn Zweifel und Skepsis sagen selten etwas über den Wert einer Übung aus. Meistens verraten wir damit vor allem etwas über uns selbst, über unsere Glaubenssätze und unsere Haltung dazu.

Wissen ist eine riesengroße Schatztruhe. Aber du kannst den Schatz erst heben, wenn du auch den Schlüssel zu der Truhe hast. Und dieser Schlüssel heißt: Üben, üben, üben.

Einige One-Minute-Tools habe ich dir als digitale Karte gestaltet, damit du sie dir runterladen kannst. So hast du sie immer auf deinem Handy, kannst sie sogar verschicken und auf jeden Fall besser erinnern. Drei wirksame Reminder für die unterschiedlichsten Anlässe: eine Formel, mit der du deine Ziele überprüfen kannst, mein Lieblingstool zur Deeskalation, das dir sofort wieder Ruhe bringt, und ein klares Abendritual, mit dem du spielerisch den Tag ausklingen lässt.

SCAN MICH

Thank you

Ich liebe diese inspirierenden, täglichen Impulse. Lauter bereichernde Tipps, um inneren Frieden zu finden, gelassener durchs Leben zu gehen und klarer zu sehen, dass unser *Glück* allein bei uns liegt …

Nora Kudrjawizki, Musikerin

Ich finde deine One Minute Messages klasse! Sie bringen meine Synapsen immer so richtig schön in *Wallung* und sind für mich der Fahrstuhl in den Perspektivenwechsel. Vielen Dank dafür!

Beate Weber, Bilanzbuchhalterin

Die Botschaften sind super, weil sie so schön klar und einfach erklärt sind, dabei auch noch kurz und auf den Punkt. Unfassbar praktisch und wertvoll für jede Situation, egal ob im Beruf oder im Privaten. *I love it!*

Simone Bergholz-Freund, Musikredakteurin

Ich kenne deine tollen One Minute Messages von Instagram. So kompakt in einem Buch hat alles noch mal mehr *Wert* für mich. Danke für deine großartige Arbeit. Wirklich ein Gewinn in so vielen Alltagssituationen!

Manfred Johan, Fotograf

Ein wahres *Geschenk* und für mich immer wieder ein Wunder, wie so viel Inhalt in nur eine Minute passt. Grazie Mille!

Micheline Gioia, Unternehmerin

Wie oft ich schon dachte, was Karin jetzt wohl sagen würde? Deine kleinen Storys sind *wirklich mega!*

Rafael Hoffmannn, Model Scouter

Ein Dankeschön noch in eigener Sache:

Mein besonderer Dank geht an Martin Janenz.

Was hast du mich auf Trab gehalten, mein Lieber, und mir auch immer wieder den Rücken freigehalten. Danke für deine Großzügigkeit und dein unerschütterliches Vertrauen.

It's Karma, baby. Karma!

WRITE HERE. WRITE NOW.

WRITE HERE. WRITE NOW.

WRITE HERE. WRITE NOW.